Zum Gedenken an

Peter Scholl-Latour

16. August 2014

☦

*Es ist weniger gefährlich,
zu viel zu fürchten
als zu wenig.*

Sir Francis Walsingham
Begründer des Britischen Geheimdienstes[1]

Bibliographische Information der Deutschen Bibliothek:
Die Deutsche Bibliothek verzeichnet diese Publikation
in der Deutschen Nationalbibliographie;
Detaillierte bibliographische Daten sind im Internet über
<http://dnb.ddb.de> abrufbar.

ISBN-9783735779922
1. Auflage 2014
© 2014 Kai-Uwe Schroeter
Vertrieb: EBOOK
Herstellung und Verlag: BoD-Books on Demand, Norderstedt
Titelbild: Theatergruppe "Stabfigurencompany" aus Berlin mit der Figur "Eumel", Foto: Kai-Uwe Schroeter 2007, www.stabfigurencompany.de

Kai-Uwe Schroeter

Ausstieg
aus der
Kontrolle

Von der totalen Überwachung
zur Freiheit des Evangeliums

Inhaltsverzeichnis

Kapitel 1: Warum die Aufregung?   S. 9

Wer nichts zu verbergen hat, der hat auch nichts zu befürchten - Wer demonstriert, hat viel zu befürchten - Wo bleibt die Meinungsfreiheit? - Von der Gefahr, geoutet zu werden - Wissen zu wollen, was morgen sein wird - Wege in die Freiheit

Kapitel 2: Der ganz normale Wahnsinn   S. 25

Ein Schwabe hat nichts zu befürchten - Peinlichkeiten an der Wursttheke - Wir sehen, was du klaust - Überwachung am Arbeitsplatz - Überwachung von Schülern - Datenklau ist Diebstahl - Wege zum Vertrauen

Kapitel 3: Die Welt im Sicherheitswahn   S.43

Verlorene Unschuld - Der Terror geht weiter - Terror und seine Ursachen - Brauchen wir mehr Videoüberwachung? - Wege aus der Angst

Kapitel 4: Spionage - eine deutsche Tragödie   S. 59

Stasi - Christen im Visier - Ein Spion, der dich liebte? - Unter Freunden... geht gar nicht - Spionage in der Bibel - Wege zum Frieden

Kapitel 5: Im Netz der Lügen   S. 73

Five-Eyes-Allianz und BND - Wir wurden immer schon belauscht - Überwachung total - Vorratsdatenspeicherung - Auf der Liste - Die am wenigsten unwahre Version der Realität - Wege zur Ehrlichkeit

Kapitel 6: Visionen vom Überwachungsstaat   S. 95

Big Brother ist ein Brite - Orwell 1984 - Offenbarung des Johannes - 666 - Kontrolle des Geldes - Risiken der digitalen Welt - An Gottes Stelle

Kapitel 7: Lösungen   S. 119

Symptom - Diagnose - Das Recht auf Vergessen - Das Recht auf Vertrauen - Das Recht auf Vergebung

Anmerkungen und Literaturverzeichnis   S. 133

Kapitel 1

Warum die Aufregung?

Wer nichts zu verbergen hat,

der hat auch nichts zu befürchten. Dieser Satz begegnet uns in der letzten Zeit immer wieder. Er will sagen: Die Überwachung, der wir täglich ausgesetzt sind, ist ja gar nicht so schlimm, denn sie trifft ja nur diejenigen, die Böses im Schilde führen. Die Mehrheit der Menschen ist doch mit sich selbst im Reinen, außerdem leben wir in Deutschland in einem Rechtsstaat, in dem unbescholtene Bürger nichts zu befürchten haben.

Wenn Sie persönlich diese Ansicht teilen, ist es Ihnen vielleicht auch völlig egal, ob Ihre Telefongespräche auf dem Festnetz, mit dem Handy oder über den Skype-Dienst mitgeschnitten werden. Es interessiert Sie kaum, wenn Ihre E-Mails, die besuchten Webseiten, Chat-Protokolle oder die geteilten Bilder und Erlebnisse bei Facebook & Co. in fremde Hände gelangen. Was sollen die schon mit den Daten eines unbescholtenen Bürgers wie Ihnen anfangen? Sie nehmen auch ungefragt in Kauf, dass es Protokolle über Ihre Aufenthaltsorte gibt - ermittelt durch Funkzellenabfrage. Und Sie akzeptieren, dass per GPS festgehalten wird, welche Routen Sie geschäftlich und privat mit Ihrem PKW zurückgelegt haben. Und selbst wenn Ihre Daten in den Jahren der in Deutschland praktizierten Vorratsdatenspeicherung über längere Zeit aufbewahrt worden wären, juckt Sie das kaum, denn was hätten Sie in unserem Land zu befürchten? Die ehrliche Antwort lautet: Nichts; jedenfalls nichts Ernsthaftes. Wozu also die ganze Aufregung?

Doch leider ist die Welt nicht immer so einfach, wie sie zu sein scheint. Wir leben in Deutschland nicht auf einer Insel der Seligen. *„Wer nichts zu verbergen hat, hat auch nichts zu befürchten"* ist entweder ein furchtbar dummer Satz, Ausdruck der eigenen Naivität, oder ein furchtbar demagogischer Satz, denn er führt eine bewusste Manipulation im Schilde. So wird dieser Satz auch Josef Goebbels in den Mund gelegt, dem Reichspropagandaminister im Dritten Reich, der ihn bei der Gründung der Geheimen Staatspolizei gesagt haben soll. Als Instrument des Nationalsozialistischen Staates besaß die GESTAPO weitreichende Machtbefugnisse bei der Bekämpfung politischer Gegner.

„Wer nichts zu verbergen hat, der hat auch nichts zu befürchten" ist ein Satz, der nicht in eine Demokratie gehört, sondern in eine Diktatur. Denn in einer Demokratie entscheiden die Bürger selbst, wem sie vertrauen. Der Souverän ist hier das Volk, nicht irgendein Geheimdienst. Und wer dem Volk weismachen will, dass die Kontrolle bestimmter Organe durch den Bürger nicht nötig sei, der hat etwas zu verbergen, ja dem sollten die Bürger sogar grundsätzlich misstrauen. Denn wer dem Volk nicht vertraut, dem darf nicht so ohne Weiteres Vertrauen von dem Volk entgegen gebracht werden. Es ist leider eine traurige Tatsache: Wer nichts zu verbergen hat, hat trotzdem viel zu befürchten.

Niemand weiß, was die Zukunft bringt, auch nicht, welche Regierungsform herrschen wird. Was heute als bedeutungslose Information erscheinen mag, könnte eines Tages für jemanden verhängnisvoll sein. Wer trotzdem glaubt, dass er niemals in das Suchraster eines Geheimdienstes fallen könnte, sollte einmal den Blick über die eigenen Landesgrenzen heben. Nicht allzu weit von uns werden politische Gegner ausfindig gemacht, Journalisten werden überwacht, Aktivisten und Oppositionelle geraten in Lebensgefahr.

Wer demonstriert,

hat viel zu befürchten. Dieser Satz gilt für viele Teile der Erde. Er scheint auch für die Türkei zu gelten, mit der Deutschland durch viele freundschaftliche Beziehungen verbunden ist. Gerade die Verbundenheit lässt uns Deutsche aufschrecken, wenn wir von Erdogans Bestrebungen erfahren, die Geheimdienste quasi jeglicher Kontrolle zu entziehen.

Am 17.4.2014 billigte das türkische Parlament eine äußerst bedenkliche Geheimdienstreform. Der nationale Geheimdienst MIT sollte von nun an freie Hand haben, im In- und Ausland alle Privattelefonate abzuhören - und zwar ohne jede richterliche Genehmigung. Das neue Gesetz wurde mit der absoluten Mehrheit der islamisch-konservativen Regierungspartei AKP von Ministerpräsident Erdogan verabschiedet. Zugleich wurden Strafen für Journalisten eingeführt, die vertrauliche Informationen veröffentlichen. Der Menschenrechtsanwalt Orhan

Kemal Cengiz nannte dieses neue Gesetz einen *Blankoscheck zum Machtmissbrauch* für die MIT-Agenten.[2]

Jedermann erinnert sich daran, wie im Jahr 2013 die Proteste um den Gezi-Park in Istanbul brutal aufgelöst und Hunderte von Demonstranten festgenommen wurden. Erdogan beschimpfte die Protestierenden als *Anarchisten und Terroristen.* Diese Titulierung bewies, dass Erdogan den türkischen Oppositionellen ihre Menschenrechte systematisch absprach. Die erschreckenden Bilder von der brutalen Polizeigewalt sind noch in unserem Gedächtnis. Unter dem Eindruck dieser Bilder ist es schon sarkastisch zu nennen, wenn die Gutmenschen unserer Tage den Glauben nicht verlieren, dass Polizei und nationale Geheimdienste in jedem Fall das Beste für die eigene Bevölkerung wollen. Das Gegenteil ist in vielen Ländern der Fall. Diese Realität dürfen wir nicht übersehen - und nicht hinnehmen. Jede Form von Verfolgung und Diskriminierung von Oppositionellen stellt die Demokratie infrage. Und ohne das Prinzip der Gewaltenteilung kann Demokratie nicht funktionieren.

Die umstrittene Geheimdienstreform des Jahres 2014 trifft auch die in Deutschland lebenden Türken. Auch sie werden vom türkischen Geheimdienst überwacht und gegebenenfalls als Oppositionelle eingestuft. Das heißt in Erdogans Vokabular: auch als Terroristen. Allein diese Einschätzung ist mit einer Einschüchterungspolitik verbunden, die wir in unserer freiheitlichen Gesellschaft nicht akzeptieren dürfen. Denn die Überwachung durch den türkischen Geheimdienst geschieht zum einen ohne jede richterliche Genehmigung, also ohne rechtsstaatliche Grundlage. Zum anderen sind unsere türkischen Mitbürger einem massiven Angriff auf ihre freie Meinungsäußerung ausgesetzt. Ein deutliches Wort an die türkische Regierung seitens der Bundesregierung wäre angebracht und entspräche der engen Verbundenheit der Deutschen zur türkischen Bevölkerung.

Viel massiver noch als bei den Gezi-Protesten erwachte die Spionagetätigkeit gegen das eigene Volk im sogenannten *arabischen Frühling* des Jahres 2011, der inzwischen zum *arabischen Winter* erstarrt ist. Die Volksaufstände bedrohen die Macht der Diktatoren in Syrien, Ägypten und Libyen, die daraufhin die Kommunikation ihrer Gegner im Internet überwachten. Recherchen haben gezeigt, dass diese Diktaturen die Überwachungsinstrumente westlicher Technologieunternehmen erwarben. Das Assad-Regime holte die italienische Firma SpA ins Land, der ägyptische Präsident Mubarak kaufte Software, um die Verschlüsselung von Skype zu knacken, und die Apparate der französischen Firma Amesys kontrollierten den Internet-Verkehr des wichtigsten Internet-Providers Libyens.[3]

Die Rechtfertigung der Überwachung mit dem Argument *„wer nichts zu verbergen hat, der hat auch nichts zu befürchten"* setzt eine naive Weltsicht voraus, in der die Menschen in *gute* und *schlechte* aufgeteilt werden. Die Behauptung, dass sich die Überwachung nur auf eine

Randgruppe bezieht, die sich vielleicht etwas zuschulden hat kommen lassen, geht in die Irre. Sie verkennt die Ziele, die alle Institutionen der Macht verfolgen. Denn es liegt im Wesen der Macht, dass nicht nur illegale Aktivitäten als kriminell bewertet werden, sondern auch einfacher Widerstand. Dieser wird mit *Verbrechen* gleichgesetzt.[4] Nur so ist es beispielsweise zu erklären, dass Martin Luther King zu seinen Lebzeiten unter staatliche Beobachtung gestellt wurde. Leider zeigen die Beispiele aus der Geschichte, dass sich die Überwachung nicht nur gegen solche richtet, die etwas auf dem Kerbholz haben. „Ein Staat wird reflexartig jede Bedrohung seiner Macht als Straftat betrachten."[5]

Wo bleibt die Meinungsfreiheit?

In vielen Ländern der Erde gibt es keine Meinungsfreiheit. Sie wird durch die Überwachungsapparate der Herrschenden unterdrückt. Die totale Kontrolle erweist sich immer noch als das beste Mittel, die eigene Bevölkerung in den Griff zu bekommen. Und die Schuldigen für den Missbrauch der Macht sind schnell gefunden.

Aber wie verhält es sich in funktionierenden Demokratien und Rechtsstaaten? Sind hier alle Befürchtungen unbegründet? Oder stellt die totale Kontrolle auch für uns eine Gefahr dar? Ja, denn eine Gesellschaft verändert sich durch permanente Überwachung zum Negativen. Und die Freiheit kann auf der Strecke bleiben.

Aus der Psychologie wissen wir, dass Menschen anfangen, sich anders zu verhalten, sobald sie sich beobachtet fühlen. Sie vermeiden Verhalten, das von den Anderen negativ bewertet wird. Sie verzichten auf bestimmte Äußerungen der eigenen Meinung. Verstärkt tritt dieser Effekt auf, wenn Menschen einen übermächtigen Staat oder Geheimdienst als Beobachter vermuten. Es entsteht eine innere Unruhe, in der Fragen auftauchen: Habe ich vielleicht doch irgendwo, irgendwann etwas gesagt oder geschrieben, was heute nicht meiner Meinung entspricht? Könnte etwas im schlimmsten Fall gegen mich verwendet werden - oder könnte ich erpresst werden? Werde ich in Zukunft meine religiöse Überzeugung frei ausleben dürfen?

Die Angst, die eigene Meinung zu äußern, ist überall dort gegenwärtig, wo Menschen sich überwacht fühlen. Warum sonst sind anonyme Meinungsäußerungen im Internet so beliebt? Wenn viele Menschen in dem Glauben leben, dass die Geheimdienste im Internet mitlesen, werden sie sich mit ihrer Meinungsäußerung zurückhalten. Die Angst vor der Kontrolle wird auf Dauer die Gesellschaft verändern. Bürger werden gegen einen Staat, der sie überwacht, Misstrauen entwickeln, ganz gleich, ob dieses Misstrauen begründet ist oder nicht. Das Volk fragt sich, warum es vertrauen soll, wenn ihm kein Vertrauen entgegengebracht wird. Demokratie wird so nicht funktionieren können, wenn die freie Meinungsäußerung unterdrückt wird, denn sie lebt vom freien Diskurs.

Joachim Gauck war während der friedlichen Revolution in der DDR ein führendes Mitglied des Neuen Forums in Rostock, einer Bürgerbewegung in der Wendezeit, von der die Wende 1989 wesentlich mitgeprägt wurde. Mit Gaucks Wahl zum Bundespräsidenten gelangte ein Mann an die Spitze des deutschen Volkes, der wie kein anderer die Gefährdungen der Demokratie kannte. Gauck wusste schon damals, dass es ganzen Einsatz kosten würde, die Demokratie im Bewusstsein einer Bevölkerung zu erhalten: „Jeder Demokrat bleibt der Aufgabe verpflichtet, Diktaturen zu bekämpfen und ihre Strukturen auch nach ihrem Untergang im wachen Bewusstsein zu halten. Denn gefährlich wird diktatorische Politik nicht erst mit der Errichtung von KZs. Gefährlich ist sie von dem Moment an, wo sie die Verwandlung des mündigen und unabhängigen Bürgers in einen hörigen Untertanen betreibt." [6]

Von der Gefahr, geoutet zu werden

Für bestimmte Menschen kann es gefährlich sein, sich hinsichtlich ihrer sexuellen Orientierung oder ihrer religiösen Überzeugung zu outen. Noch gefährlicher kann es aber sein, wenn sie *geoutet werden.* Die weltweit angesammelten Daten im Internet lassen es beispielsweise zu, dass Menschen durch Kombination der gespeicherten Internetdaten als homosexuell geoutet werden. Privaten und staatlichen Geheimdiensten ist es ein Leichtes, Menschen hinsichtlich ihrer sexuellen Orientierung zu identifizieren - mit den entsprechenden Folgen. Homosexuelle sind in vielen Ländern Diskriminierungen ausgesetzt und müssen befürchten, dass sie tätlich angegriffen werden. In einigen Ländern steht auf Homosexualität die Todesstrafe.[7]

Noch größer ist das Interesse von Geheimdiensten in bestimmten Ländern, Menschen hinsichtlich ihrer *religiösen Überzeugung* zu outen. Nach Schätzungen sind bis zu 100 Millionen Christen weltweit von Diskriminierungen betroffen. In rund 50 Staaten werden Christen in ihrer Religionsausübung behindert. Das stellt eine Verletzung des Rechts auf Religionsfreiheit dar, das als grundlegendes Menschenrecht international anerkannt ist. An der Spitze der Unterdrücker stehen Länder wie: Nordkorea, Saudi-Arabien, Irak, Iran, Pakistan, Eritrea, Sudan, Nigeria, Ägypten, Indien, Laos, Vietnam, China und auch die Türkei. Das weitverbreitete Unrecht, das Menschen in diesen Ländern erleiden müssen, darf nicht verschwiegen werden. Papst Franziskus erinnerte daran, als er am 6. April 2013 die Messe in der Kapelle der Comus Sanctae Marthae las:

»Es ist nicht erforderlich, in die Katakomben oder ins Kolosseum zu gehen, um die Märtyrer zu finden; die Märtyrer leben jetzt, in zahlreichen Ländern. Die Christen werden ihres Glaubens wegen verfolgt. In einigen Ländern ist es ihnen untersagt, ein Kreuz zu tragen; sie werden bestraft, wenn sie es doch tun. Heute, im 21. Jahrhundert, ist unsere Kirche eine Kirche der Märtyrer.« [8] Die Religionsfreiheit, die Papst Franziskus mit eindringlichen Worten für die Christen einforderte, gilt natürlich für jede Religion. Jeder Versuch, die Religionsausübung zu kontrollieren und zu verbieten, ist eine Verletzung der Menschenwürde. Der Einsatz westlicher Überwachungstechnologie und Software trägt in vielen Ländern der Welt zu einer solchen Diskriminierung bei.

Wissen zu wollen, was morgen sein wird
So lautet der geheime Wunsch, der hinter der globalen Überwachung steht. Die Mächtigen in Militär, Politik und Wirtschaft wollen aus unterschiedlichen Interessen wissen, was morgen sein wird - damit die Zukunft berechenbarer wird. Vorgeschobene Gründe wie die Kriminalitätsbekämpfung oder die Terrorabwehr haben auch ihren Wahrheitsgehalt, in Wirklichkeit geht es jedoch um viel mehr: *Unser Verhalten soll prognostizierbar werden.*[9] Wissen zu wollen, was morgen sein wird - das ist nicht neu. Neu ist nur, dass die heutigen Möglichkeiten digitaler Überwachung alle bisherigen Grenzen überschreiten und die Illusion von der berechenbaren Zukunft wahrscheinlicher werden lassen als je zuvor.

Am 12. Juni 2014 verstarb Frank Schirrmacher. Der deutsche Journalist und Mitherausgeber der FAZ untersuchte ein Jahr vor seinem Tod die NSA-Abhöraffäre. Dabei legte er sein Augenmerk auf die Verschmelzung von ziviler und militärischer Welt und stellte die These auf, die aktuellen Enthüllungen über die NSA seien nur ein Mosaikstein in der weitreichenden Symbiose kommerzieller und militärischer Rationalität.

Es gilt für Börsen und Kommunikationssysteme gleichermaßen wie für Geheimdienste: Sie wollen nicht wissen, was *war* oder was *ist,* sondern was *sein wird.* Sie wollen die Risiken minimieren: vom Aktienkurs über die Kreditwürdigkeit und die Gesundheitsprognose - bis hin zu der Frage, wer im Begriff ist, ein Verbrechen zu begehen. Die Überwachung ist ein Bestandteil fast aller sozialen und ökonomischen Transaktionen. Sie ist so allgegenwärtig, dass ihre Bedeutung für die Gesellschaft nicht mehr übersehen werden darf. Die Regulierung sozialer Kommunikation kann tatsächlich zur Freiheitsfrage einer Gesellschaft werden.[10]

Wege in die Freiheit

Überwachung bedeutet *Einschränkung.* Kontrolle und Freiheit verhalten sich wie ein Gegensatzpaar, das sich auf einer Waage befindet. Ist die Kontrolle oben, dann sitzt die Freiheit im Keller - und umgekehrt. Gibt es ein Gleichgewicht? Wie viel Freiheit braucht der Mensch?

Freiheit ist ein menschliches Sehnsuchtswort. So präsentiert es sich in der jüdisch-christlichen Tradition. Die Geschichte des Volkes Israel ist eine Geschichte der *Un-freiheit:* Knechtschaft in Ägypten, Gefangenschaft in Babylon, Unterdrückung durch die seleukidischen Herrscher und Fremdherrschaft durch die Römer. Dennoch hatte das Volk Israel die Hoffnung auf Freiheit und Selbstbestimmung nie verloren. Denn auf Zeiten der Unfreiheit folgten oft wunderbare Befreiungsgeschichten.

Das neue Testament setzt eine *innere* Freiheit voraus. Gott will keine unfreien Frauen und Männer. Schon der Apostel Paulus rief den ersten Christen zu: „Ihr seid zur Freiheit befreit, werdet nicht der Menschen Knechte!" Dieser Aufruf zur Freiheit war immer wieder mit der Gewissensfreiheit verbunden. Der Reformator Martin Luther berief sich auf dem Wormser Reichstag 1521 auf sein Gewissen - und sein Recht auf freie Meinungsäußerung, gegen den Widerstand staatlicher und kirchlicher Autoritäten.

Martin Luther hat sein Verständnis von Freiheit in seiner bekannten Schrift von der *Freiheit eines Christenmenschen* dargelegt. Darin hat er das Wesen der Freiheit in einer dialektischen Aussage zusammengefasst: „Ein Christenmensch ist ein freier Herr über alle Dinge und niemand untertan. Ein Christenmensch ist ein dienstbarer Knecht aller Dinge und jedermann untertan." [11]

Diese These enthält eine doppelte Spitze und ein Paradox: *Freier Herr* und gleichzeitig *dienstbarer Knecht* zu sein stellt ein Spannungsfeld dar, in dem sich ein verantwortliches Zusammenleben der Menschen gestalten kann. Christliche Freiheit ist kein ausgelebter Egoismus auf Kosten der Freiheiten anderer. Freiheit ist ein gemeinsam genutztes Gut, das allen dient. Aus diesem

Grund fügt Martin Luther an, dass ein freier Christenmensch sich auch als freiwilliger *Knecht* für andere Menschen verstehen kann, um ihnen in Liebe zu dienen - aus freien Stücken. Die Einsichten Martin Luthers sind nicht spezifisch evangelisch, sie können als allgemeinchristliches Gedankengut angesehen werden. Aus römisch-katholischer Perspektive hat Papst Benedikt XVI. die Dialektik der Freiheit aufgegriffen: „Wir können sie nur als geteilte Freiheit besitzen, in der Gemeinschaft der Freiheiten: Nur wenn wir in rechter Weise miteinander und füreinander leben, kann sich die Freiheit entfalten." [12]

Die christliche Freiheit war zu allen Zeiten ein Sehnsuchtswort, ihre Entfaltung oftmals bedroht. Jesus sagte: „Wenn ihr in meinem Wort bleibt, so seid ihr wahrhaft meine Jünger; und ihr werdet die Wahrheit erkennen, und die Wahrheit wird euch frei machen." Johannes 8,32. Unfrei waren die Menschen nicht nur, wenn sie von außen versklavt wurden, sondern auch dann, wenn sie sich selbst dem Diktat der Welt unterworfen hatten - indem sie das Streben nach Geld, Macht und Ruhm über alles stellten, auch über die Menschlichkeit.

Jesus ging es auch darum, die Freiheit von falsch verstandenen religiösen Maßstäben seiner Zeit zu leben. Er pochte darauf, dass die Menschen sich als Kinder Gottes nicht zu *Sklaven* eigener penibler Vorschriften machten. Ein Beispiel dafür liefert eine Geschichte im Markus-Evangelium, die davon erzählt, dass Jesus einmal von seinen Gegnern, den Schriftgelehrten, angegriffen wurde, weil seine Jünger die vorgeschriebene Sabbatruhe brachen. Sie hatten am Sabbat Ähren vom Feld abrissen. Jesus stellte daraufhin in einem Streitgespräch die Prioritäten klar: Der Sabbat wurde in der Schöpfung als Ruhetag für den Menschen gemacht. Deshalb ist der Sabbat für den Menschen da - und nicht der Mensch für die Vorschriften, die am Sabbat gelten sollen. Markus 2,27.

Wenn wir das Wort Jesu für unsere Situation annehmen, kann es uns helfen, aus dem System der allgegenwärtigen Überwachung auszubrechen. Schlägt das Pendel allzu einseitig in Richtung Kontrolle aus, darf die Freiheit nicht verloren gehen. Es geht immer zuerst um den Menschen und seine Würde - und nicht um ein System, das sich verselbstständigt hat.

Kapitel 2

Der ganz normale Wahnsinn

Ein Schwabe hat nichts zu befürchten …

… so sagte bereits in ähnlicher Weise der schwäbische Dichter Ludwig Uhland Anno 1854.[13] Dennoch konnte die Überwachung auch für einen schwäbischen Politiker peinlich werden. Günther Oettinger saß im Jahre 1993 gerne und oft nach Feierabend im Restaurant des süditalienischen Kneipiers Mario Lavorato in Stuttgart-Weilimdorf.[14] Als fröhlicher Wirt bediente Mario die Feste der Fraktionen des Landtags und legte Wert auf gute Kontakte zu Politikern. Zu diesen zählte auch Günther, der sich ohne Argwohn zum Duzfreund des Promiwirts machen ließ.

Doch die Peinlichkeit nahm ihren Lauf. Mario, in der Szene als Mariuzzo bekannt, geriet unter Verdacht des Drogenhandels und der Geldwäsche für die 'Ndrangheta. Die Fahnder entschieden sich für einen großen Späh- und Lauschangriff. Sie hörten nicht nur das Telefon des Pizzabäckers ab, sondern auch eine nahe gelegene Telefonzelle, wo sie sogar eine Videokamera installierten.[15] Die Polizei konnte nicht nur drei Täter ermitteln, sondern auch Tonbänder konservieren, auf denen zu hören war, was der damalige Minister Oettinger zu fortgeschrittener Stunde über politische Freunde und Feinde zu erzählen wusste. Da trauten die Verfassungsschützer ihren Ohren nicht. Zwar war es eine offizielle Überwachung, aber was der Politiker von sich gab, war eher privater Natur und gab für die Ermittlungen wenig her. Jedenfalls mündete die ganze Sache in einen pikanten

Untersuchungsausschuss im baden-württembergischen Landtag. Ob Günther Oettinger jemals alles erfahren hat, was man über ihn und seine Gesprächspartner aufgezeichnet hatte?

Peinlichkeiten an der Wursttheke

Die Überwachung betrifft Sie persönlich wie die meisten Menschen meist in den Niederungen des Alltags. Ihr nächster Einkauf im Discounter ist für bestimmte Personen ein interessanter Auftritt. Sie können davon ausgehen, dass Sie unzählige Gastauftritte als unfreiwilliger Filmstar in der Videoüberwachung haben. Meist erscheinen Sie dort ungeschminkt und authentisch, fast wie im echten Reality-TV. Selbst wenn Sie nur kurz durch das Bild huschen - nach einer Shopping-Tour haben Sie mehr Drehs als die meisten Schauspieler. Ein normaler deutscher Durchschnittsbürger wird nach Schätzungen mindestens 80 Mal am Tag von einer Videoanlage erfasst. Gesetzlich gibt es für private Videoaufnahmen eine Löschungspflicht. Aber wer kontrolliert die Löschung?

Die Medien schockierten die Öffentlichkeit im Jahr 2012 mit der Nachricht, dass Filialleiter von Aldi-Süd heimlich Kundinnen gefilmt hatten.[16] Das Interesse richtete sich auf Frauen in kurzen Röcken oder mit ausgeschnittenen Tops, sobald diese sich über Kühltheken beugten oder vor Regalen bückten. Dann zoomten die Aldi-Angestellten mit der Kamera heran und erstellten ihre

Lieblingsfilmchen. Hinterher wurden die Filme auf CD gebrannt und ausgetauscht. Natürlich war das nur ein Missbrauch der Videoanlagen, die eigentlich für andere Zwecke installiert worden waren. So äußerte sich das Unternehmen nach Bekanntwerden des Skandals auch dahin gehend, dass das Fehlverhalten einzelner Mitarbeiter nicht ausgeschlossen werden könne und es disziplinarische Konsequenzen geben würde.

Ein Einzelfall in der Geschichte unserer Republik? Wohl kaum. Ein anderer Vorfall offenbarte einen haarsträubenden Versuch von Reality-TV mit Hilfe von Videoüberwachung. Ein Fitnessstudio der Fitness-King GmbH versuchte 2013 ganz offiziell von allen Mitgliedern die Einwilligung zu erzwingen, einer dauerhaften Kameraüberwachung zuzustimmen - zur Sicherheitserhöhung - scheiterte damit aber vor dem Landgericht.[17] Der Bundesverband der Verbraucherzentrale beklagte, dass in der Klausel des Fitness-Vertrages nicht einmal vorgesehen war, dass die überwachten Bereiche den Mitgliedern kenntlich gemacht würden, es könnten durchaus auch Duschen und Umkleideräume sein.

Zwar gibt es in Deutschland gesetzliche Vorschriften, dennoch geht der Trend ungebrochen dahin, dass immer mehr Unternehmen Videoüberwachung einsetzen möchten. Problematisch ist dabei, dass das angebliche Bedürfnis nach Sicherheit nach oben hin generell keine Grenze kennt. Oft können Mitarbeiter, Kunden und Lieferanten nicht kontrollieren, was mit ihren Bildern geschieht. Das alles ist peinlich und skandalös und stellt die problematische Seite der privaten Videoüberwachung dar. Die riesige Masse an Bildern bringt zudem ein Problem mit sich: Wer soll sich die vielen Millionen Stunden Überwachungsvideos, die täglich anfallen, eigentlich ansehen?

Wir sehen, was du klaust

Der Privatunternehmer Tony Morgan erfand in Großbritannien eine Lösung für das Problem mit den vielen Bildern mit seiner Website *Internet Eyes*.[18] Sein Prinzip ist einfach: Internetnutzer verfolgen zu Hause am Bildschirm die Übertragungen von Überwachungskameras in britischen Geschäften. Bemerken sie einen Ladendiebstahl, klicken sie auf einen Alarmbutton und das Sicherheitspersonal erhält eine SMS. Ein Screenshot der Kamera kann den mutmaßlichen Dieb dann überführen. Die privaten Detektive leisten ihre Arbeit für wenig Geld, doch als Anreiz winkten am Monatsende 1000 Euro Belohnung für den erfolgreichsten Internet-Spion.

Doch selbst in Großbritannien, wo Überwachungskameras inzwischen an jeder Ecke zum Stadtbild gehören, hält man sich mit Lob über den umstrittenen Dienst bisher zurück. „Es ist schlimm genug, wenn die Behörden die Menschen verfolgen", kommentierte Alexander Hanff von der britischen Bürgerrechtsgruppe Privacy International, „sollen nun auch noch Bürger ihre Mitbürger ausspionieren?" [19] Um den Datenschutz ist es bei dem britischen Projekt gänzlich geschehen. Es kann überhaupt nicht ausgeschlossen werden, dass die privaten Internet-Detektive die Videos mitschneiden und beispielsweise später auf YouTube zu einer Hitparade zusammenstellen. In der Bevölkerung waren viele Menschen bereit, sich als Nutzer zu registrieren, auch etliche Deutsche waren darunter.

Überwachung am Arbeitsplatz

Im Jahr 2008 deckten die Medien quasi *Stasi-Methoden* beim Discounter Lidl auf. Was war passiert? Lidl ließ Mitarbeiter in vielen Filialen systematisch bespitzeln - mit versteckten Kameras und seitenlangen Protokollen, die über das Privatleben angefertigt wurden. Notiert wurden private Gespräche, Lebenssituationen und Arbeitsweise der Angestellten. "Es liegen mehrere Hundert Seiten interner Lidl-Protokolle vor, in denen jeweils mit Tag und Uhrzeit notiert, wann und wie häufig Mitarbeiter auf die Toilette gehen, wer mit wem möglicherweise ein Liebesverhältnis hat, wer nach Ansicht der Überwacher unfähig ist oder einfach nur introvertiert und naiv wirkt." [20]

Die Überwachung funktionierte immer nach dem gleichen Muster: Montag morgens installierten von Lidl beauftragte Detektive in der jeweiligen Filiale meist zwischen fünf und zehn Miniaturkameras. Dem Filialleiter wurde erzählt, es gehe darum, Ladendiebe aufzuspüren. Tatsächlich notierten die Detektive aber auch ihre genauen Beobachtungen an den Mitarbeitenden.

Eine Studie der Unternehmungsgruppe Steria Mummert Consulting brachte zutage, dass immer mehr Arbeitnehmer an ihrem PC-Arbeitsplatz überwacht werden. Dies betrifft die Überwachung von Festplatte, Internetseiten oder E-Mails. „Stellen Sie sich vor, auf Ihrem Rechner ist ein unsichtbares Tool installiert, das all Ihre Tastatureingaben und benutzten Programme protokolliert, E-Mails speichert, besuchte Web-Adressen und Passwörter sammelt, beim Instant Messenger mitliest, den Bildschirminhalt abfotografiert und Sie obendrein filmt - mit Ihrer eigenen Webcam. Das ist kein Horrorszenario, sondern in vielen Unternehmen Realität." [21]

Ein Computerprogramm, das für nur 79,90 Euro erhältlich ist, wirbt mit den Worten: „Sehen Sie jede besuchte Webseite, wie lange Zeit dort verbracht wurde oder auch was genau gelesen oder angeschaut wurde. Mit der Erfassung von Momentaufnahmen bleibt von nun an kein Zweifel über den Einsatz Ihres Computers und Sie halten praktisch einen lückenlosen Mitschnitt der Aktivitäten in der Hand." [22]

In den USA ist diese Überwachung fast schon selbstverständlich, sie stößt auch auf breite Akzeptanz. In der Wirtschaft wird die Überwachung mit dem Ziel eingesetzt, eine Produktivitätskontrolle durchzuführen, um möglichst wirtschaftlich effizient zu handeln. Je mehr Informationen über Arbeitnehmer gesammelt werden, um so besser kann der Arbeitgeber rationalisieren und die Arbeitsabläufe steuern. Wer über mehr Daten als die Konkurrenz verfügt, wird sich sogar Vorteile im Wettbewerb verschaffen können.[23]

Die Juristin Elisabeth Falzone untersuchte zahlreiche Skandale in verschiedenen Unternehmen und zog als Fazit: „In vielen Unternehmen werden Mitarbeiter nicht nur bespitzelt, sondern auch ganz offiziell überwacht."[24] Die Überwachung von Mitarbeitern über GPS-Navigationssysteme und Handy wird häufig bei mobilen Arbeitnehmern angewandt. GPS-Navigationssysteme gehören heute in Logistikunternehmen zur Grundausstattung. Für die Führungsebene von Unternehmen ist es oftmals selbstverständlich, dass die Fahrzeuge geortet werden - und die Arbeitnehmer darüber nicht einmal informiert.

Der Nutzen einer Dauerüberwachung von Mitarbeitern ist für ein Unternehmen jedoch fraglich. Aufgrund des permanenten Kontrolldrucks verändert sich die Motivation im gesamten Unternehmen. Aufzeichnungen von Geschwindigkeit oder Fahrtunterbrechungen dienen der persönlichen Überwachung von Beschäftigten. Die lückenlose Überwachung übt einen enormen Druck auf den Arbeitnehmer aus, egal ob sie im positiven Sinne die Effektivität eines Arbeitnehmers dokumentiert oder negativ eine Entlassung durch den Arbeitgeber vorbereitet. Dieser Druck verändert das Unternehmensklima auf problematische Weise.

Überwachung von Schülern

In den USA werden längst alle sozialen Netzwerke, in denen Schüler kommunizieren, von Schulverwaltungen überwacht. Diese beauftragen dazu oft externe Firmen. In Glendale im County Los Angeles im Bundesstaat Kalifornien ist diese Praxis im September 2013 an die Öffentlichkeit gekommen. Aus Gründen der Sicherheit überwachte die Schulbehörde die Kinder und Jugendlichen, indem alle verdächtigen Postings mit den Themen Suizid, Drogen, Waffen, Gewalt und Schulabbruch gesammelt wurden. Schulen im US-Bundesstaat Texas kontrollieren mit Funkchips, ob ihre Schüler auf dem Schulgelände sind. Die Überwachung erfolgt per RFID-Chip (Radio Frequency Identification Device). Mit dieser Technik kann die Schulverwaltung feststellen, ob sich ein Schüler bei Unterrichtsbeginn im Schulgebäude aufhält. Ohne Zweifel ist diese Technik ein Ausdruck eines kontrollwütigen Staates. An diesem Zustand konnten allerdings auch Kritiker wie die American Civil Liberties Union bisher nichts ändern.

Noch umfassender werden in England Kinder und Jugendliche überwacht. Im Jahr 2012 registrierte die Protestgruppe *Big Brother Watch* 48.000 Kameras an 2000 Schulen.[25] 206 Schulen haben sogar Kameras in Umkleiden oder Toiletten gehängt. Dass die Verantwortlichen dieses Überwachungsverhalten als normal darstellen, ergibt sich aus der schlichten Tatsache, dass es den meisten Briten egal ist, dass sie überall gefilmt werden. Bürgeinitiativen wie Big Brother Watch, die ihre kritische Stimme erheben, gibt es wenig. So gibt es auch kaum Proteste gegen die Videoüberwachung in den Schulen. Lehrer begrüßen sie sogar, weil die Aufnahmen ihnen helfen, ihre Unterrichtsmethoden zu reflektieren.

An der Wildern School in Südengland sind die Kameras auf die Waschbecken gerichtet, um jeden Schüler zu identifizieren. Die Schulleiterin verteidigte die Videoaufnahmen, mit denen „typische Teenie-Sachen" kontrolliert würden, zum Beispiel ob Schüler rauchen. Sharon Holder von der Gewerkschaft GMB fragt sich: „Wie viele Eltern haben den Schulleitern die Erlaubnis gegeben, ihre Kinder zu filmen, wenn sie auf Toilette gehen und sich duschen? Was passiert mit den Aufnahmen hinterher?"[26] Aber wahrscheinlich werden die englischen Eltern den Bericht von Big Brother Watch nur achselzuckend zur Kenntnis nehmen, da sie sich an die Kameras längst gewöhnt haben und sie gerade für Toiletten und Umkleidekabinen - wo sich Lehrer eher nicht aufhalten - Sicherheit für ihre Kinder und Schutz vor Gewalt und Mobbing wünschen.

Trotz aller Vorbehalte breitet sich die Videoüberwachung auch an deutschen Schulen immer weiter aus. Meist soll sie Symptome bekämpfen, deren Ursachen man nicht mehr in den Griff bekommt. Schutz vor Diebstahl, Amokläufen und Zwischenfällen - Gründe für die Videoüberwachung finden sich sofort. Durch die Kameras besteht die Möglichkeit, alle Schüler, Lehrer und sonstiges Personal an den Schulen zu beobachten. Niemand kann den Kameras ausweichen. Wie die Aufnahmen verwendet werden - darüber haben die betroffenen Personen keine Kontrolle.

Der Landesbeauftragte für Datenschutz und Informationsfreiheit NRW stellte fest, dass sich eine Videoüberwachung „grundsätzlich nicht mit dem Auftrag der Schulen, die Entwicklung der Schüler zu selbstbestimmten mündigen Persönlichkeiten zu fördern", vereinbaren lässt.[27] Gerade bei Schülern ist zu berücksichtigen, dass sie noch minderjährig sind und sich in der Entwicklungsphase befinden. Es besteht die Gefahr, dass die Entwicklung der Schüler nachhaltig durch die Angst vor der Kamera beeinträchtigt wird. Das ist auch bei Videoattrappen der Fall, denn die Angst vor Überwachung ist subjektiv auch durch solche Geräte gegeben. Das Ziel einer Erziehung im Geiste der Freiheit und Demokratie wird konterkariert, wenn Schüler permanent durch Kameras beobachtet, kontrolliert und überwacht werden.

Und was ist mit Gewalt, Mobbing und Vandalismus an unseren Schulen? Die Lösung liegt auf einer anderen Ebene als der Versuch, die totale Kontrolle einzuführen. Anstatt die Symptome zu bekämpfen, sollten lieber die Ursachen angegangen werden. Das Geld für Überwachungskameras ist besser für mehr Lehrer, Bücher, Gebäude und Mittagessen angelegt. Und wo Schulleitungen sich für eine Videoüberwachung entscheiden, sollten Eltern genau nachfragen, ob die Daten der Kameras gespeichert werden, wie lange das aufgezeichnete Material gespeichert wird und vor allem, wer Zugriff darauf bekommt.

Datenklau ist Diebstahl

Beklaute regen sich meistens sehr auf. Sei es, dass ihnen Schmuck, Auto oder nur ein Fahrrad entwendet worden ist, in fast alle Fällen gehen die Geschädigten zur Polizei, erstatten Anzeige und sind für eine lange Zeit erregt über das ihnen Widerfahrene. Ganz anders ist es beim Datenklau. Es mag den Bestohlenen gar nicht bewusst sein, dass alle Daten, die ihre Person betreffen, ihnen selbst gehören. Möglich, dass die meisten Betroffenen gar nicht realisieren, dass ein Entwenden ihrer Daten unter das Stichwort Diebstahl fällt. Und doch ist es so. Dieser Tatbestand ergibt sich aus dem *Grundrecht auf informationelle Selbstbestimmung,* das jedem Einzelnen das Recht einräumt, grundsätzlich über die Preisgabe und Verwendung seiner persönlichen Daten zu bestimmen. Personenbezogene Daten gehören dem Betroffenen. Wenn sie in fremde Hände gelangen, so ist das Diebstahl.

Das Recht auf informationelle Selbstbestimmung ist eine der zentralen Errungenschaften freiheitlicher Demokratie - zumindest aus deutscher und europäischer Sicht. In den USA und in vielen Ländern Asiens und Afrikas hat sich diese Erkenntnis noch nicht durchgesetzt.[28] Grundsätzlich sollen alle Menschen selbst bestimmen können, wer was wann bei welcher Gelegenheit über sie weiß. Die Sammlung von personenbezogenen Daten darf nur zu einem bestimmten Zweck erfolgen. Deshalb dürfen Daten nicht generell zusammengeführt werden, wenn die ursprünglichen Zwecke zu ihrer Sammlung nicht miteinander vereinbar sind. Datenklau ist Diebstahl - aber nicht jeder sieht das ein.

Es gibt auch ehrenwerte Gründe, personenbezogene Daten zu stehlen. Dann nennt man das Ganze allerdings nicht Diebstahl, sondern Strafverfolgung. Die Täter heißen auch nicht Hacker, sondern Behörden. Der Staat darf sich in bestimmten Situationen Kenntnis von persönlicher Kommunikation verschaffen, zum Zwecke der Strafverfolgung. Auch das Grundrecht auf informationelle Selbstbestimmung kennt eine solche Einschränkung im Allgemeininteresse bereits. Doch vor nicht allzu langer Zeit gehörte es zu den konstituierenden Merkmalen unserer Demokratie, dass eine Überwachung von Personen ohne begründeten Verdacht untersagt war. Dieses Prinzip ist inzwischen weitgehend außer Kraft gesetzt worden. Das ist ein Skandal, den kaum jemand als solchen wahrgenommen hat, denn er hängt mit dem Datum des 11. September 2001 zusammen.[29]

Das Thema *Sicherheit* rangiert seit den Flugzeugentführungen mit den anschließenden Selbstmordattentaten auf zivile und militärische Gebäude in den USA an der Spitze der politischen Interessen, oftmals vor der

Rechtsstaatlichkeit und der freien Demokratie. Das lässt nicht nur Datenschützer aufhorchen. Bürger, Politiker und auch Vertreter der Kirchen werden hellhörig. Kann uns der Sicherheitswahn die Freiheit nehmen? Spiegelredakteur und Buchautor Thomas Darnstädt gelangte zu folgender Einschätzung: „Die Furcht vor dem Terror ist geeignet, die Grenzen des Rechtsstaates, die Funktionsfähigkeit der Demokratie, ja die Grenzen des staatlichen Gewaltmonopols zu zerrütten." [30]

Wege zum Vertrauen

Kontrolle zerstört das Vertrauen. Wenn sich eine Unternehmensleitung für mehr Überwachung von Mitarbeitenden entscheidet und verstärkte Kontrollmechanismen einführt, so kann dies fatale Konsequenzen für das Vertrauensverhältnis zur Belegschaft haben. Es gibt in einem Unternehmen so etwas wie einen unausgesprochenen *Vertrauensvertrag*. Dieser wird aus Sicht der Mitarbeitenden gekündigt, denn das Unternehmen begegnet ihnen ja mit weniger Vertrauensvorschuss als vor der Maßnahme. Die Kündigung des Vertrauensvertrags schwächt die Loyalität der Mitarbeiter zum Unternehmen. Die Motivation schwindet, sich vertrauensvoll zu verhalten. Es werden Möglichkeiten gesucht, das neue Kontrollsystem zu umgehen, was zu neuen Kontrollversuchen führt. Der vertrauenszerstörende Effekt von Kontrolle lässt sich schließlich nicht mehr rückgängig machen.

Zu diesem Weg in den Vertrauensverlust bleibt als Alternative nur der Weg, den Ernest Hemingway beschrieben hat: „Der beste Weg herauszufinden, ob man jemandem vertrauen kann, ist: ihm zu vertrauen."

In ähnlicher Weise gab Jesus eine Erfahrung wieder, die für das Arbeitsleben von wichtiger Bedeutung ist: Treue kann sich in einem Arbeitsklima von Kontrolle und Beobachtung nicht entfalten, sondern nur, wenn die Unternehmensführung in die Mitarbeitenden Vertrauen setzt. „Wer im Geringsten treu ist, der ist auch im Großen treu; und wer im Geringsten ungerecht ist, der ist auch im Großen ungerecht. Wenn ihr nun mit dem ungerechten Mammon nicht treu seid, wer wird euch das wahre Gut anvertrauen? Und wenn ihr mit dem fremden Gut nicht treu seid, wer wird euch geben, was euer ist?" Lukas 16, 10-12.

Jesus hat immer eine Menge Optimismus und Glauben in die Menschen gesteckt, auch in die sogenannten *Sünder* und *Schwachen.* Er ist zu ihnen gegangen, sogar in die bescheidenen Hütten der ganz Armen. Jesus hat gegen die Ausbeutung Partei ergriffen und die absolute Vorherrschaft des Geldes in der Welt infrage gestellt.

Im *Gleichnis vom klugen Verwalter* erzählt Jesus im Lukas-Evangelium (Kapitel 16,1-8) die Geschichte von einem Verwalter, dem von seinem Chef gekündigt wurde und der nun auf kluge Art und Weise die Schulden seiner Schuldner reduziert. Damit macht er sich verständlicherweise Freunde und sorgt dafür, dass die Schuldner überhaupt einen Teil ihrer Schulden zurückzahlen können. Der Chef ist vom Verhalten des klugen Verwalters angetan und lobt ihn dafür. Im Hintergrund der Geschichte steht die Problematik von Geldschulden, die im Alten Testament nur mit einem Verbot des Zinsnehmens - aus sozialen Gründen - gestattet waren 5. Mose 23,20. Das Gleichnis stellt die Fixierung auf das Geld infrage und setzt die menschlichen Beziehungen an die erste Stelle.

Und die Moral von der Geschichte? Ich möchte sie so zusammenfassen: Der Mensch ist nicht für den Profit gemacht, sondern der Profit ist allenfalls für den Menschen da. Es ist daher wichtiger, anderen das Leben leichter zu machen, als starr seine Pflicht zu erfüllen. Wo Vertrauen und Menschlichkeit in unserer Finanzwelt auf der Strecke bleiben, gilt es Gott und seine Werte wieder auf die Tagesordnung zu schreiben - sonst verlieren wir Menschen eines Tages uns selbst.

Kapitel 3

Die Welt im Sicherheitswahn

Verlorene Unschuld

Die Terrorismusbekämpfung in Deutschland ist ganz wesentlich von der Bedrohung durch die Rote Armee Fraktion (RAF) in den 1970er Jahren geprägt worden. Als diese Eskalation rückläufig war, gingen auch die Maßnahmen in der Terrorismusbekämpfung zurück. Wolfgang Schäuble erzählt gern eine Anekdote aus seiner Zeit in den 1980er Jahren, als er Helmut Kohls Kanzleramtschef war. In dieser Geschichte kommt die ganze Naivität des Staates zum Ausdruck, der kaum für eine ernsthafte Bedrohung gerüstet war: Die damalige Bundeshauptstadt Bonn war für den Empfang wichtiger Staatsgäste zu sichern. Der zuständige Mann vom Bundesgrenzschutz versicherte dem Kanzleramtschef, der Luftraum über der Bundeshauptstadt sei selbstverständlich gesperrt. Da fragte der Kanzleramtschef zurück: „Und was tun wir, wenn sich einer nicht dran hält?" Die Antwort lautete: „Dann bekommt der einen Bußgeldbescheid." [31]

Doch die Zeiten haben sich geändert. Als entscheidendes Datum ist der 11. September 2001 zu benennen, als vier koordinierte Flugzeugentführungen mit anschließenden Selbstmordattentaten auf Ziele in den USA die ganze Welt erschütterten. Seit den Ereignissen des *Nine-Eleven* gibt es eine Flut an Sicherheitsvorkehrungen an jedem Flughafen und vielen Eingängen zu öffentlichen Gebäuden. Man könnte fast sagen, die USA und die gesamte westliche Welt verfielen in eine Art *Sicherheitswahn,* deren Folgen unabsehbar waren. Paradoxerweise hat der Terrorismus damit eines seiner Ziele erreicht: Er veränderte die Welt.

Als Osama bin Laden und al-Qaida die Anschläge vom Nine-Eleven planten, wollten sie neben der Tötung von möglichst vielen Menschen auch den größtmöglichen wirtschaftlichen Schaden anrichten. Dieses Ziel haben die Terroristen erreicht. Die Bilanz ist nach zehn Jahren verheerend. Ökonomen schätzen die Kosten für die USA für den *Krieg gegen den Terror* ähnlich hoch ein wie die Kosten im Zweiten Weltkrieg. Diese Ausgaben trieben die Staatsverschuldung enorm in die Höhe, die heute so schwer auf den USA lastet.[32]

Der Anschlag vom Nine-Eleven führte dazu, dass die bis dahin bestehende traditionelle Grenze zwischen innerer und äußerer Sicherheit anfing zu verschwimmen. Die Bush-Regierung beauftragte im Jahr 2001 die NSA, die elektronische Kommunikation von Amerikanern zu überwachen - und zwar ohne die gesetzliche richterliche Genehmigung. Als die New York Times diese Praxis im Jahr 2005 enthüllte, war die unbefugte Ausspähung bereits vier Jahre an der Tagesordnung. An Rückhalt in der Bevölkerung fehlte es der amerikanischen Regierung nicht, denn man war der Auffassung, die Bedrohung durch den Terrorismus müsse dem Präsidenten praktisch unbegrenzte Befugnisse geben, wenn es darum ginge, die nationale Sicherheit zu wahren.

Man wird es ohne Übertreibung sagen können: Nine-Eleven ist ein Trauma, das unser aller Leben bis heute bestimmt. Es ist ja nicht bloß das nervende Verbot, eine Zahnpastatube mit an Bord eines Flugzeugs zu nehmen. Nein, es geht um viel mehr. In Europa hat sich unter dem Eindruck der amerikanischen Angstpolitik eine Eigengesetzlichkeit der Angst entfaltet. Alles, was uns an Sicherheitsmaßnahmen umgibt, erfuhr seine innere Rechtfertigung durch die Anschläge vom 11. September: Lauschangriffe, Videokameras, Internetüberwachung, Mautdatensammlung, digitaler Gesichtsdatenabgleich - und dazu über 20 Programme, mit denen der Geheimdienst NSA laut Aussagen Edward Snowdns alle Daten dieser Welt aufsaugt und auswertet.[33]

Der Terror geht weiter

Sicherheitsmaßnahmen sind eine erforderliche Reaktion auf Bedrohung. Leider Gottes geben sie aber keine Garantie für mehr Sicherheit, denn Täter finden immer wieder Lücken in der Sicherheit. Am 15. April 2013 explodierten zwei Sprengsätze auf dem Bostoner Stadtmarathon im Bereich der Zielgeraden. Dort hatten sich viele Sportler und Zuschauer versammelt. Drei Menschen wurden getötet, Hunderte verletzt. Das Schicksal der Schwerverletzten, denen Arme und Beine amputiert werde mussten, und der tragische Tod des nur achtjährigen Martin Richard, erschütterten die ganze Welt.

Videoüberwachung spielte eine wichtige Rolle bei den Ermittlern, um auf die Spur der mutmaßlichen Attentäter zu kommen. Das FBI veröffentlichte einen Tag, bevor die Täter gestellt wurden, Bilder von den beiden Verdächtigen Brüdern Zarnajew, die von Überwachungskameras in der Nähe des Tatorts aufgezeichnet worden waren. Als Reaktion wurde auch in Deutschland der Ruf nach mehr Videoüberwachung laut, die abschreckend wirken könnte - oder zumindest hilfreich bei der Aufklärung von Straftaten wäre. Bundesjustizministerin Sabine Leutheusser-Schnarrenberger war jedoch anderer Ansicht: Eine reflexhafte Forderung nach mehr Überwachung wird immer wieder nach fürchterlichen Anschlägen laut, sie verdeckt jedoch, dass bei besonnener Betrachtung Deutschland über ausreichend Sicherheitsgesetze verfügt. Trotz Überwachung konnte auch die Tat von Boston nicht verhindert werden.

Das Fernsehen schockierte uns in den vergangenen Jahren mit Bildern von Tätern, die bewusst die Videoaufzeichnung suchten und sie für die öffentliche Bekanntmachung ihrer Tat nutzten. Ein tödlicher Anschlag auf den britischen Soldaten Lee Rigby in London erschütterte Großbritannien am 22. Mai 2013. Besonders perfide war, dass der Täter sich nach seiner Bluttat von Passanten filmen ließ und eine Videoansprache hielt, die in den Nachrichten weltweit gesendet wurde.[34]

"Das Opfer, ein junger Soldat, verlässt gegen 14.15 Uhr die Kaserne der Königlichen Artillerie. Die beiden Täter müssen ihm aufgelauert haben. Mit einem blauen Kleinwagen fahren sie ihr Opfer zunächst an und machen sich dann mit Messern und einem Schlachterbeil über den Wehrlosen her. Herbeieilende Passanten wie Ingrid Loyau-Kennett kommen zu spät. Anstatt die Flucht zu ergreifen, fordern die Täter mehrere Augenzeugen dazu auf, den weiteren Hergang mit ihren Smartphones zu filmen. So kommt es zu einer Aufnahme, die abends zur besten Sendezeit im Kommerz-Kanal ITV gezeigt wird. Da steht Michael Adebolajo, 28, Loyau-Kennetts Gesprächspartner, und spricht seine Hassparolen in die Kamera: "Wir schwören bei Allah, dem Allmächtigen, dass wir nie aufhören werden, euch zu bekämpfen. Glaubt ihr, eure Politiker sterben? Nein, es sind immer nur die normalen Leute. Stürzt die Regierung. Auge um Auge, Zahn um Zahn." Die beiden Extremisten warteten rund eine Viertelstunde auf die Konfrontation mit der Polizei.

Großbritannien ist eines der bestens überwachten Länder der Erde, aber der Terroranschlag von London konnte dennoch nicht verhindert werden. Videoüberwachungen schützen nicht vor Terrorakten, wenn die Täter gar nicht unerkannt bleiben wollen, sondern die Aufmerksamkeit suchen. In solchen Fällen werden Taten eher noch begünstigt. Die Verbreitung von Videos auf YouTube missbrauchte die Terrorgruppe IS (Islamischer Staat) im August 2014 für ihre Zwecke, indem sie die Hinrichtung und Enthauptung des US-Journalisten James Foley ins Internet stellte und ihre Hassparolen verbreitete.

Terror und seine Ursachen

Der Kampf von Staaten gegen Terroristen wird bezeichnenderweise auch als *asymmetrischer Krieg* beschrieben. Das Wort *Krieg* trägt dem Selbstverständnis von Terroristen Rechnung, die aufgrund waffentechnischer Unterlegenheit nicht den militärischen Kampf suchen, sondern eine nadelstichartige Zermürbung betreiben, die zum Rückzug der überlegenen Partei führen soll. Bekannte Terrorgruppen unserer Zeit, die sich als Kriegsparteien verstehen, sind: ISIS - Islamischer Staat im Irak und Syrien, bestehend aus Muslimen sunnitischer Herkunft, die für einen sunnitischen Gottesstaat vom östlichen Mittelmeer bis zum Persischen Golf kämpfen; al-Quaida - sunnitischer Zusammenschluss von Saudis, Palästinensern, Pakistanern und Marokkanern, die für den Sturz aller nicht-muslimischen Regierungen kämpfen; Hamas - radikal-islamische Gruppierung im Gaza-Streifen, die den Staat Israel nicht anerkennt; Hisbollah - islamisch-libanesische Organisation schiitischer Gruppen, deren erklärtes Ziel die Zerstörung Israels ist; Boko Haram - islamistische Sekte, die im Norden Nigerias einen Gottesstaat auf der Grundlage der Scharia gründen will.

Weil es für Staaten sehr schwierig ist, Terrorgruppen militärisch zu besiegen, ist die Bekämpfung des Terrorismus eine Aufgabe für die Geheimdienste. Nachrichtendienstliche Aufklärung, Unterwanderung des Umfeldes, auch gezielte Aktionen wie das Spezialkommando im Stile von Abbottabad im Pakistan, wo Osama bin Laden 2011 entdeckt und getötet wurde. Die Tatsache, dass Bin Laden durch ein einziges Sonderkommando ausgeschaltet wurde, führt im Übrigen den gesamten Afghanistankrieg ad absurdum, der vordergründig gegen den internationalen Terrorismus geführt wurde. In Wahrheit richtete sich der Krieg in Afghanistan allerdings gegen nationale Widerstandsgruppen. Der internationale Terrorismus operiert nicht von Afghanistan aus, sondern eher aus Saudi-Arabien, mit dessen Regime sich der Westen allerdings nicht angelegt hat, sondern sich seine Nachsicht mit reichlich Erdöl bezahlen ließ.[35]

Das Töten von Kämpfern führt nicht ein Ende des Terrorismus herbei, sondern entfacht diesen neu. Als Beispiel sei die größte Bevölkerungsgruppe in Afghanistan genannt, das Paschtunen-Volk, das die heilige Pflicht zur Blutrache kennt. Diese Pflicht rangiert für jeden Paschtunen an erster Stelle. Sie verjährt nicht, sondern setzt sich über Generationen fort und endet erst, wenn die Schuld ausgeglichen ist. Der Afghanistan-Krieg kann in diesem Sinne mit den Worten Jürgen Todenhöfers als einziges *Terrorzuchtprogramm* angesehen werden. „Für jedes getötete Kind stehen über zehn neue Kämpfer auf, um es zu rächen.... Wir selbst haben den internationalen Terrorismus großgezogen."[36] Auch die Mörder des britischen Soldaten Lee Rigby, Michael Adebowale und Michael Adebolajo, verstanden ihre grausame Tat als militärische Aktion, die sie vor Gericht mit der Rache für das Töten muslimischer Soldaten rechtfertigen wollten.

Ein alternativer Vorschlag zur Terrorismusbekämpfung kommt aus der Friedensforschung. Sie besteht in der Suche nach Verhandlungslösungen. Das kann, wie die Liste der bekanntesten Terrororganisationen zeigt, nur in Zusammenarbeit mit muslimischen Ländern geschehen. Die ausgestreckte Hand zur muslimischen Welt ist dabei ein wichtiger Faktor für eine Chance auf Frieden. Laut einer Studie der New-America-Foundation, in der 225 Terrorismus-Fälle seit Nine-Eleven untersucht wurden, hat die Datensammlung der NSA bislang nur wenig dazu beigetragen, Anschläge zu verhindern. Die Organisation zieht das Fazit, dass die traditionellen Strafverfolgungs- und Fahndungsmethoden effektiver seien. Dagegen habe die Sammlung von Telefondaten der NSA „keinen erkennbaren Einfluss auf die Verhinderung von Terrorakten gehabt". [37]

Das Verhältnis von den gesammelten Daten gegenüber den Ermittlungserfolgen ist auch in Deutschland äußerst gering. Bereits im Jahr 2005 stellte Benjamin Kraus im Blick auf die Anti-Terrormaßnahmen der Bundesregierung und der Länder fest: „Wurden viele Einschränkungen der Freiheitsrechte offiziell als notwendige Maßnahmen zum Schutze der Bevölkerung im Kampf gegen den internationalen Terrorismus verkauft, so ist bei näherer Betrachtung festzustellen, dass dieses Ziel oftmals verfehlt wird und die Gesetze ganz anderen, viel weitergehenden Zwecken folgen." [38]

Brauchen wir mehr Videoüberwachung?

Das Bundesinnenministerium führte eine Statistik an, derzufolge viele strafrechtliche Delikte durch Videobeweis aufgedeckt worden sind. Ein Beispiel ist die Kriminalität im öffentlichen Nahverkehr, die in den vergangenen Jahren in Deutschland zugenommen hat. Allein die Berliner Polizei forderte im Jahr 2011 in 2417 Fällen Filmausschnitte für ihre Ermittlungen vom Berliner Nahverkehr an, um die Verdächtigen zu identifizieren.[39]

Die Süddeutsche Zeitung berichtete am 24.3.2011 von einem Fall, der bundesweit für Aufsehen sorgte. Zwei junge Männer hatten am frühen Samstagmorgen gegen 3.30 Uhr auf dem Berliner U-Bahnhof Friedrichstraße einen 29-Jährigen angegriffen und schwer verletzt. Nach einem Streit schlug einer der Angreifer dem Opfer ins Gesicht. Videokameras filmten den Übergriff. Sie zeigten - später im Fernsehen - wie das Opfer zu Boden fiel und regungslos liegen blieb. Unfassbar war, dass der Haupttäter mehrfach gegen den Kopf des Opfers trat. Die Nachrichten, insbesondere das veröffentlichte Video lösten Entsetzen in unserem Land aus. Die im U-Bahnhof installierten Kameras filmten die Schlägerei und ermöglichten so auch die Identifizierung der Täter.

Eine solche Videoüberwachung im Sinne des § 6b BDSG war zulässig - und sie wird von der Bevölkerung auch weitgehend akzeptiert. Und selbst wenn der Nutzen der Kameras umstritten ist - in vielen einsamen U-

Bahn-Stationen und an manchen Straßenecken dieser Welt fühlen wir uns unter den Augen der Kameras wohler, als wenn wir unbeobachtet wären. Ob die Kameras wirklich Schlimmes verhindern können, steht auf einem anderen Blatt. Aber das Gefühl der Sicherheit ist auch immer ein subjektives. Es wäre ungerecht, diesem menschlichen Bedürfnis nach Sicherheit nicht Rechnung tragen zu wollen. Eine Befragung der Bevölkerung, an welchen Orten sie dieses Bedürfnis nach Sicherheit hat, wäre eine wichtige Aufgabe einer demokratischen Gesellschaft.

In die Diskussion um den Nutzen der Kameras fließen aber auch viele emotionale Äußerungen ein. Eine sachliche Diskussion scheitert meist daran, dass es kaum verlässliches Datenmaterial über den Nutzen von Videoüberwachung gibt. Es geht aus den Zahlen nämlich nicht hervor, wie viele Fälle auch ohne Videokameras aufgeklärt worden wären. Die Kriminologin Emmeline Taylor analysierte im Jahr 2010 den Erfolg der Videoüberwachung in Großbritannien, wo ca. 56.000 Videokameras im öffentlichen Raum installiert sind. Sie kam zu dem Schluss, dass die Videoüberwachung vollendete Tatsachen geschaffen habe, sodass man über die Wirksamkeit der Kameras keine gültigen Aussagen mehr treffen könne.[40]

Auch die Schlägerei im U-Bahnhof Friedrichstraße konnte durch Videoüberwachung nicht verhindert werden. Die Abschreckung durch die Kameras scheint im

Allgemeinen für Wiederholungstäter auch sehr gering zu sein, denn die Statistik zeigt, dass es an gut überwachten Orten wiederholt zu Übergriffen kommt. Die wirksamste Kriminalitätsbekämpfung geht auch nicht von der Behandlung der Symptome aus, sondern von der Behandlung der Ursachen. Eine kranke Gesellschaft kann sich möglicherweise komplett überwachen lassen, aber sie heilt damit nicht ihre Krankheit. Die Erziehung der jungen Menschen zu Moral und einem mitmenschlichen Verhalten ist auch das oberste Ziel einer christlichen Ethik. Für dieses Ziel sollten zu allererst alle Ressourcen einer Gesellschaft eingesetzt werden.

Die Tatsache, dass die Videoaufnahmen der U-Bahn-Schlägerei an der Friedrichstraße nicht bei den Ermittlern blieben, sondern nachträglich im Fernsehen gezeigt wurden, stellte die Frage nach dem medialen Interesse dieser Aufnahmen. Juristen fragten sich nicht nur, ob die Veröffentlichung im Blick auf den Täter rechtens war, sondern auch das Opfer musste hinnehmen, dass die Videoaufnahmen ohne seine Zustimmung im Fernsehen gezeigt wurden. In wessen Interesse? Im Interesse der Allgemeinheit? Man könnte fragen, ob die Schläge nicht schlimm genug gewesen waren, dass nun das Opfer nicht nur mit den Bildern im Gedächtnis umgehen muss, sondern auch mit denen im Fernsehen und im Internet. Die Zustimmung des Opfers zur Veröffentlichung wäre das Mindeste, was an Recht auf informationelle Selbstbestimmung eingefordert werden dürfte.

Wege aus der Angst

„Es gibt keine Sicherheit, nur verschiedene Grade der Unsicherheit", so sagte einst Anton Pawlowitsch Tschechow, der russische Meister der impressionistischen Erzählung im ausgehenden 19. Jahrhundert. Leben ist immer gefährlich. Doch der Terror hat die Menschen ängstlicher gemacht. Sie verlangen nach mehr Sicherheit - beim Reisen, beim Essen, beim Geldanlegen. Die Wirtschaft macht inzwischen mit der Angst der Menschen ein Milliardengeschäft.[41] An manchen deutschen Flughäfen machen die Sicherheitskosten inzwischen ein Viertel der Flughafengebühren aus. Eine Rentnerin, die ihre Zahnpastatube abgeben muss, das Ablegen von Schuhen und Gürteln, das ständige Arme hoch, umdrehen - alles streng nach EU-Vorschrift. Am Flughafen in München sind 5000 Mitarbeiter mit Sicherheit beschäftigt, 60 Millionen Euro hat allein ein Umbau gekostet, um Passagiere zu kontrollieren, die bereits kontrolliert worden sind. Die Angst vor Terror, vor Krankheiten und Kriminalität hat einen riesigen Markt geschaffen.

Doch Angst ist immer eine falsche Reaktion. Angst ist ein Gefühl, dass ein ganzes Land lähmen kann, anstatt es in die nötige Bewegung zu versetzen. Diese Erkenntnis hatte bereits der amerikanische Präsident Franklin Roosevelt, der 1933 bei seiner Antrittsrede sagte: „Das Einzige, vor dem wir uns ängstigen müssen, ist die Angst selbst."[42] Auf Bedrohung durch Terrorismus und Kriminalität muss eine Gesellschaft angemessen reagieren - aber die Betonung liegt auf *angemessen*. Es gibt keine Freiheit ohne Sicherheit, aber es gibt auch keine dauerhafte Sicherheit ohne Freiheit. Die Behörden dürfen die notwendigen Befugnisse erhalten, aber die Bürgerrechte müssen so weitgehend wie möglich erhalten bleiben.

Für Christen, die in der Nachfolge Jesu leben, stellt ein Leben ohne Angst eine besondere Verheißung dar. Jesus sagte: „In der Welt habt ihr Angst: aber seid getrost, ich habe die Welt überwunden." Johannes 16,33. Angst gehört zu der Welt, in der wir leben. Es gibt keine christliche Naivität im Blick auf die Bedrohungen und Gefahren. Jesus kannte die Welt, in die er geboren wurde. Galiläa war auch damals ein politischer Brennpunkt. Aber Jesus wusste, wie sehr die Angst das Leben bestimmen kann, wenn sie übermächtig wird und die Fähigkeit zum Handeln lähmt. „Seid getrost", sagte Jesus - wir reden heute so nicht mehr. In modernen Worten ausgedrückt könnten wir sagen: „Lasst euch nicht von der Angst verrückt machen!" Jesus predigte die Nähe Gottes inmitten der Welt. Wo Gottes Herrschaft angebrochen ist, geschieht schon ein Stück Überwindung der Welt bezüglich ihrer Bedrohlichkeit. Wir sind nicht ganz und gar dieser Welt und ihren Ängsten ausgeliefert, denn Gott sieht und nimmt teil. Er ist uns nahe - dieser Gedanke hilft, aus dem Gefängnis der Angst auszubrechen und befreit leben zu können.

Kapitel 4

Spionage - eine deutsche Tragödie

Stasi ...

... so nannten DDR-Bürger kurz und knapp ihr Ministerium für Staatssicherheit, den Geheimdienst der DDR. Die Stasi entstand im geteilten Deutschland 1945 nach dem Vorbild des sowjetischen KGB - allerdings mit ausgeprägtem deutschen Charakter.[43] Wieder einmal bewiesen die Deutschen, dass sie auch in zweifelhaften Dingen an die Weltspitze gelangen konnten. Die Stasi vereinigte in sich den Auslandsgeheimdienst mit dem Inlandsgeheimdienst. Verglichen mit den US-Geheimdiensten würde das bedeuten, dass CIA und das FBI unter einem Dach wären. Die Stasi war nicht nur Geheimdienst, sondern sie war zugleich Geheimpolizei mit der Aufgabe, die eigenen Bürger zu kontrollieren und Gefahren für das herrschende Regime auszumachen.

Um das eigene Volk zu kontrollieren, waren über 90.000 Mitarbeiter hauptamtlich bei der Stasi beschäftigt, 189.000 inoffizielle Mitarbeiter (abgekürzt IM) bildeten ein Netzwerk aus Spitzeln in allen Teilen der Gesellschaft. Zum Vergleich: Die nationalsozialistische Gestapo hatte für das gesamte Deutsche Reich nur 7000 Mann.[44] Die Bespitzelung durch die zahlreichen Stasi-Mitarbeiter reichte bis in die engsten Beziehungen, Arbeiter schrieben Berichte über ihre Kollegen, Schüler über ihre Mitschüler, Freunde verrieten Freunde, manchmal bespitzelten sogar Familienmitglieder einander. Nach eigenem Ermessen konnte die Stasi Bürger einfach verhaften und in Untersuchungshaft verhören.

Durch die vielen Informanten, die technischen Möglichkeiten und den Zugriff auf Banken, Betriebe, Schulen und Ärzte, konnte die Stasi die Bevölkerung nahezu vollständig überwachen. Aber die Mehrheit der Bevölkerung wollte mit dem Überwachungsapparat der Stasi nichts zu tun haben.[45]

Ostdeutschland war wahrscheinlich das am meisten ausgespähte Land der Weltgeschichte.[46] Viele Deutsche haben die Erfahrung gemacht, dass sich dieses Erbe als Klotz am Bein auf dem gemeinsamen Weg in Richtung Freiheit und Demokratie erwies. Und doch hat die Last der Vergangenheit den Deutschen auch eine besondere Verantwortung auferlegt, wenn es darum geht, für Freiheit und Demokratie einzutreten. Wer persönlich am Bespitzelungssystem der Stasi gelitten hat, besitzt eine hohe Sensibilität für das Gut der Freiheit.

Ende der 1950er Jahre errichtete die Stasi eine zentrale Untersuchungshaftanstalt im Berliner Stadtteil Hohenschönhausen. Sie wurde zum Synonym für die Menschenrechtsverletzungen des DDR-Regimes. Unter fadenscheinigen Begründungen wurden Männer und Frauen interniert: Regimekritiker, Republikflüchtlinge, politische Gegner oder einfach nur Menschen, denen eine Denunziation zum Verhängnis wurde.

„Uniformierte Mitarbeiter nahmen die Häftlinge bei ihrer Einlieferung in Empfang, führten die obligatorischen Körperdurchsuchungen durch und schlossen sie in den Zellen ein. Sie beobachteten die Gefangenen pausenlos durch den Türspion, um Verstöße gegen die Haftraumordnung zu verhindern. Sie reichten ihnen das Essen durch eine kleine Luke und brachten sie zur Vernehmung, wobei sie sich mit den Häftlingen nicht unterhalten durften. Beim Öffnen der Zellentür mussten die Häftlinge zurücktreten und sich mit ihrer Gefangenennummer melden, nachts eine bestimmte Schlafhaltung (Kopf zur Tür, Hände auf die Decke) einnehmen. Über den Ort ihrer Haft ließ man sie bewusst im unklaren. Systematisch bekamen sie durch das gesamte Haftregime das Gefühl vermittelt, einem allmächtigen Staat hilflos ausgeliefert zu sein." [47]

Christen im Visier

Vereine und Gruppen der Kirchen wurden in der ehemaligen DDR mit Argwohn betrachtet. Wolf Biermann schreibt über die Lebensgeschichte von Matthias Storck in der DDR: „Man wollte den allzu offenherzig bekennenden Christen weghaben. Er störte den falschen Frieden. Er hatte sich kritisch gegen die Militarisierung in Kindergärten und Schulen der DDR geäußert und mit anderen Theologiestudenten gegen den Wehrkunde-Unterricht und den soldatischen Drill von Schulkindern protestiert... Er und seine Ehefrau Christine wurden dann in eine Falle gelockt. Obwohl die beiden jungen Christen damals nicht die Absicht hatten die DDR zu verlassen, wurden sie von diesem Agent-Provocateur in eine fingierte Republikflucht hinein manipuliert... Die beiden wurden verhaftet. Sie logierten dann 14 Monate im VEB-Knast. Dann wurden diese widerspenstigen DDR-Menschen in den Westen abgeschoben, will sagen: Sie wurden von Erich Honeckers Menschengroßhändler, dem Rechtsanwalt Vogel, in die Freiheit verkauft." [48]

Joachim Gauck berichtet: „Eine Frau verteilt Flugblätter in der DDR. Sie wird inhaftiert. Ihr Kind kommt in ein Heim. Man verspricht ihr die eigene Entlassung und die Freigabe des Kindes für den Fall, dass sie sich zur Zusammenarbeit mit dem Ministerium für Staatssicherheit (MfS) verpflichtet. Die Frau verpflichtet sich und kommt frei. Sie erhält ihr Kind zurück. Dann aber lehnt sie jede Form der Zusammenarbeit mit der Staatssicherheit ab. Man lädt sie vor und konfrontiert sie mit dem MfS-Offizier, der sie geworben hat. Die Frau nimmt ihren Schmuck ab, legt ihn auf den Tisch und sagt: „Nehmt mich mit, verhaftet mich auf der Stelle. Lieber sitze ich meine Strafe ab, als mit euch zusammenzuarbeiten." Sie darf gehen." [49]

Erst die friedliche Revolution im Herbst 1989, die das Ende der DDR einleitete, führte zur Auflösung des Staatssicherheitsdienstes. Stasi-Chef Erich Mielke kam in Untersuchungshaft, alle Mitarbeiter der Stasi wurden entlassen. An der friedlichen Revolution hatten bekennende Christen in der DDR entscheidenden Anteil. Die Religion war ein wichtiger Faktor. Das stellt besonders Wolf Biermann heraus, der allzu großer persönlicher Frömmigkeit unverdächtig ist: „Die Religion bediente ja immer extrem divergierende Interessen: Sie war ein Mittel der Einschüchterung und Unterdrückung des Volkes, ein raffiniertes Herrschaftsmittel, und sie war in manchen Zeiten genau das Gegenteil: ein moralischer Halt im Widerstand, war Ermutigung zur Rebellion gegen Unterdrückung." [50]

Christen in der ehemaligen DDR hatten die Erfahrung gemacht, dass ihr Glaube ihnen eine Kraftquelle war, die ihnen Mut gab, gegen Spionage und Denunziation aufzustehen. Ihre Zeugnisse sollten als unvergessene Dokumente in unsere deutsche Geschichte eingehen, damit sich dieses Kapitel der deutschen Geschichte nirgendwo in der Welt wiederhole.

Ein Spion, der dich liebte?

Auch die schlimmen Erfahrungen mit der Spionage hielten die Deutschen nicht davon ab, ein cineastisches Liebesverhältnis zum Thema Spionage einzugehen. Man denke nur an die Beliebtheit des James-Bond-Films aus dem Jahre 1977, der den denkwürdigen Titel „Der Spion, der mich liebte" trug. Zu allem Überfluss spielte der deutsche Schauspieler Curd Jürgens auch noch den Hauptschurken der Geschichte mit Namen Stromberg. Der lauscht der Musik von Mozart und Bach, aber das hindert ihn nicht daran, die dekadente Zivilisation mittels einer Atomrakete auslöschen zu wollen. Die Sympathie gilt natürlich nicht dem deutschen Schurken, sondern dem Protagonisten vom MI6, der sich diesmal in die sowjetische Agentin Anya Amasowa verliebt und seinen ganzen Charme aufbringen muss, um seine Kollegin davon abzuhalten, ihn umzubringen. Was im Film gelingt, sieht in der Realität jedoch oft anders aus.

Im wirklichen Leben ist die Beziehung der Staaten zu fremden Spionen selten ein Liebesverhältnis, sondern sie endet oftmals tödlich. Der Kommunist Julius Rosenberg spionierte für die Sowjetunion Informationen zum Bau der Atombombe in den USA aus - und wurde 1953 auf dem elektrischen Stuhl hingerichtet. Eli Cohen spionierte für Israel als Radiomoderator an der syrischen Grenze - und wurde 1965 enttarnt und öffentlich gehängt. Glück im Unglück hatte noch der Stasi-Spitzel Günter Guillaume, der 1974 Bundeskanzler Willy Brandt zu Fall brachte. Er wurde zu 13 Jahren Gefängnis verurteilt - durfte aber bereits 1981 in die DDR ausreisen. Nicht so viel Glück hatte der russische Ex-Spion Alexander Litwinenko, der am 13.11.2014 mit Polonium 210 vergiftet wurde, ein radioaktives Isotop, das schon in kleinsten Mengen tödlich wirkt. Litwinenko selbst machte keinen Geringeren als Wladimir Putin als Auftraggeber für die Tötung verantwortlich. Diese Beispiele zeigen, dass Spionage auch in unserer heutigen Welt ein tödliches Gewerbe sein kann. Wie verhalten wir uns mit der Tatsache, dass Spione auch unter uns sind - im wirklichen Leben und nicht bloß auf der Kinoleinwand?

Unter Freunden ... geht gar nicht

Am 2. Juli 2014 wurde ein BND-Mitarbeiter festgenommen, der über einen Zeitraum von zwei Jahren Dokumente an US-Geheimdienste weitergeleitet und dafür einen Beitrag von mehreren 10.000 Euro kassiert hatte. Die Spionageabwehr kam dem Maulwurf auf die Spur, als dieser auch dem russischen Geheimdienst seine Dienste angeboten hatte. Pikanterweise fanden sich unter den getauschten Dokumenten auch solche, die den NSA-Untersuchungsausschuss des Bundestages betrafen. Dessen Mitglied Thomas Oppermann war nicht erbaut von den Vorfällen: „Das ist ein unerhörter Anschlag auf unsere parlamentarische Freiheit. Es gibt keine Rechtfertigung dafür, dass irgendeine Macht oder ein Land Geheimdienstmitarbeiter anwirbt, um Parlamente auszuspionieren." [51]

Bereits wenige Tage später, am 9. Juli 2014, wurde ein zweiter US-Spion im Verteidigungsministerium enttarnt, der jedoch lauthals seine Unschuld beteuerte: „Ich bin kein Verräter. Ich liebe mein Land. Ich bin loyal." Das alles, so sagte er, sei eine „fatale Missinterpretation einer Freundschaft."[52] Man ist geneigt, diesen deutschen Agententhriller auch als Realsatire zu begreifen, oder um es mit den Worten Wolfgang Schäubles zu beschreiben: „Das ist so was von blöd, und über so viel Dummheit kann man auch nur weinen. Deswegen ist die Kanzlerin da auch not amused." [53]

Die not-amused Kanzlerin Angela Merkel brachte es

bereits nach dem Bekanntwerden des Lauschangriffs auf ihr Handy auf den Punkt: *Abhören unter Freunden – das geht gar nicht.* Um diesen Satz zu formulieren, kamen bei Frau Merkel sicherlich ihr politisches Gespür, ihre Erziehung als Pfarrerstochter und ihre Erfahrungen mit dem Leben in der ehemaligen DDR zusammen. Unterstützung fand sie mit ihrer Sicht auch bei kirchlichen Vertretern, so verurteilte die ehemalige EKD-Bischöfin Margot Käßmann unter dem Hinweis auf das achte Gebot „Du sollst nicht falsch Zeugnis reden wider Deinen Nächsten" Spionage als unchristlich. „Wenn Sie so wollen: Die Zehn Gebote verbieten Spionage. Andere ausschnüffeln und bloßstellen ist unchristlich." [54]

Spionage entspricht nicht dem Umgang unter Freunden, auch nicht einem christlichen Miteinander. Ganz allgemein gesprochen: Spionage entspricht überhaupt keinem Umgang von Menschen untereinander. Deutschland hat mit den USA über Jahrzehnte der Öffentlichkeit ein freundschaftliches Verhältnis präsentiert. Niemand muss sich wundern, wenn die Öffentlichkeit nach den Spionageaffären nun aus den Wolken fällt. Eine schwere Vertrauenskrise kann die Folge sein. Da hilft auch nicht der Verweis auf die Spionage des BND gegenüber anderen NATO-Partner-Ländern. Zerbrochenes Vertrauen lässt sich nicht mit dem Hinweis auf weiteres verlorenes Vertrauen wiederherstellen. Mit Angela Merkel bekam Deutschland eine Bundeskanzlerin, die als Bürgerin der ehemaligen DDR hautnah miterleben musste, wie Spionage und gegenseitiger Verrat Menschen auseinander brachten, die sich vorher vertraut hatten.

Geheimdienste haben scheinbar eine ganze Menge zu verbergen. Am 16. August 2014 geriet der BND in Erklärungsnot. *Zufällig* seien ihm Telefonate von Hillary Clinton und John Kerry ins Überwachungsnetz gegangen. Passiert sei der Beifang bei der Überwachung der Türkei. Obwohl die Türkei ein NATO-Partner ist, zählt sie wohl nicht zu den vertrauenswürdigen Freunden Deutschlands, denn sie gehört mit Albanien zu den Ländern, die offiziell auf der Überwachungsliste des BND stehen. Der unbeabsichtigte Mitschnitt der amerikanischen Telefonate sollte bereits im Sommer 2013 gelöscht werden. Doch der für die Löschung zuständige BND-Mitarbeiter Markus R. löschte nicht wirklich. Er händigte die Mitschnitte der CIA aus, für die er nebenbei ebenfalls arbeitete - als klassischer Doppelagent.[55]

Spionage in der Bibel

Ist Spionage in moralischer Hinsicht nicht doch zu rechtfertigen? Für eine Beurteilung hilft ein Blick in die Bibel. Auch das Alte Testament kennt Spionage als Mittel der Kriegführung in der in der Geschichte des Volkes Israel. In Numeri 13,25ff wird erzählt, wie Israel unter seinem Führer Mose Kundschafter in das Land Kanaan aussandte, um einen Eroberungsfeldzug zu starten. Die Kundschafter berichteten über die verlockenden Erträge des Landes und warnten vor der militärischen Stärke seiner Bewohner. Ziel der Operation *Kanaan* war zweifellos die militärische Invasion, die theologisch etwas vornehmer ausgedrückt wurde und unter dem Begriff *Landnahme* in die Lehrbücher einging. Für eine solche militärische Operation war Spionage auf jeden Fall sehr wichtig. Ohne den Krieg an sich rechtfertigen zu wollen, ist Spionage jedenfalls nicht weniger unmoralisch als alle anderen Formen der Kriegführung. Umgekehrt bedeutet Spionage in diesem Sinne nicht weniger als Krieg. Eine andere Deutung ist schwerlich möglich.

Eine ähnliche Bewertung erhält die Spionage im Buch Josua, das die Geschichtserzählungen des Buches Numeri fortsetzt. Josua 2,1-24 beginnt damit, dass Josua zwei Spione nach Jericho ausschickt, um das Land zu erkunden. Zunächst kommen diese Spione im Haus einer Frau namens Rahab unter. Von ihr fordert der Stadtkönig die Herausgabe der Fremden. Aber Rahab versteckt die Boten auf dem Dach ihres Hauses unter Bündeln von Flachs-Stengeln und schickt die Soldaten des Königs in die Irre. Rahab ihrerseits wechselt die Seiten, sie läuft zu den Spionen über, bekennt sich zum Gott Israels und bittet um Verschonung ihrer Familie bei der bevorstehenden Invasion. Dies versprechen die beiden Israeliten, falls Rahab ihr Haus mit dem roten Seil kennzeichnet, mit dem sie aus der Stadt fliehen. Bei der Eroberung Jerichos beachten die Sieger das Versprechen, das sie Rahab gegeben haben, vollständig.

Wege zum Frieden

Die Beispiele aus dem Alten Testament bestätigen das, was uns auch die Geschichte unseres eigenen Volkes lehrt: Spionage heißt Krieg!. Und im Krieg geht um Siege oder Niederlagen, Leben oder Tod. Spionage ist insofern nur ein Ausdruck des mörderischen Verhaltens, den ein Krieg immer mit sich bringt. Erklärtes Ziel aller Menschen, die in der Nachfolge Jesu leben, ist die Vermeidung jeden Krieges. Als eine Art von Hoffnungsvision formuliert Jürgen Todenhöfer: „Wir haben die Sklaverei, die Hexenverbrennung, den Kolonialismus, den Rassismus und die Apartheid überwunden. Wenn es uns gelingt, auch noch den Krieg zu ächten, hat die Menschheit einen großen Schritt nach vorne getan." [56]

Spionage war niemals Ausdruck des Vertrauens oder gar der Wertschätzung. Eine solche Interpretation kommt einer Wortverdrehung im Sinne George Orwells gleich. Nein, es bleibt dabei: *Spionage unter Freunden geht gar nicht.* Das lernen wir aus der deutschen Geschichte. Und ohne den schwarzen Peter weiterreichen zu können oder zu wollen, müssen gerade wir Deutsche Angela Merkels Satz beherzigen. Schließlich war es mit Erich Mielke, dem Minister für Staatssicherheit in der verflossenen DDR, ein Deutscher, der die vielsagende Devise in die Welt setzte: „Um wirklich sicher zu sein, muss man alles wissen."

Kapitel 5

Im Netz der Lügen

Five-Eyes-Allianz und BND

Zu der weltweit wichtigsten Spionageallianz gehören die USA, Großbritannien, Kanada, Australien und Neuseeland. Es handelt sich um eine Zusammenarbeit unter engsten Verbündeten und Partnern. Wir gehören nicht zu dieser Allianz. Deutschland, Japan, Norwegen, Südkorea und die Türkei sind nur lose mit ihr verbunden.

Hauptziel der Allianz war bis zum Zerfall der Sowjetunion die Aufklärung des Ostblocks. Heute ist das offizielle Ziel die Bekämpfung des internationalen Terrorismus. Die Quellenlage zur Five-Eyes-Allianz ist naturgemäß sehr spärlich. Es ist schwierig, Licht in eine Angelegenheit zu bringen, die von sich aus im Dunkeln bleiben will. Doch einiges lässt sich sagen, wenn die Dokumente von Edward Snowden einen hohen Wahrheitsgehalt haben:

Die Geheimdienste spionieren nicht nur potentielle Feinde aus, sondern auch Freunde und die eigene Bevölkerung. Nun gibt es auch in den Mitgliedsstaaten der Five-Eyes-Allianz nationale Gesetze, die eine Überwachung der eigenen Bevölkerung verbieten. Aus diesem Grund müssen die Geheimdienste die nationalen Gesetze umgehen. Sie greifen dazu zu einem Trick, der von außen nicht mehr kontrollierbar ist: Ein nationaler Nachrichtendienst ist befugt, die Bevölkerungen der jeweils anderen Länder zu überwachen. Beispielsweise überwachen die USA die Briten und die Briten überwachen die USA. Wenn aufgrund der Zusammenarbeit die gesammelten Erkenntnisse nun ausgetauscht werden, hat die nationale Regierung auch Zugriff auf die Daten der jeweils eigenen Bevölkerung.[57]

Die zahlreichen Geheimdienste in den USA werden hauptsächlich durch die CIA (Central Intelligence Agency) koordiniert. Die grundlegenden Aufklärungsziele werden von einem Gremium vorgegeben, dem auch der Präsident, der Verteidigungsminister und andere Regierungsmitglieder angehören. Die NSA (National Security Agency) ist vor allem für alle Arten der elektronischen Aufklärung zuständig. Das Gesamtbudget für die nachrichtlichen Dienste, die etwa 200.000 Mitglieder haben, soll bei 30 Milliarden Dollar liegen.

Die drei großen Nachrichtendienste der Bundesrepublik, BND, Verfassungsschutz und Militärischer Abschirmdienst (MAD), operieren in einer gewissen Grauzone zwischen Geheimhaltung und demokratischer Kontrolle. Dienstherr der Geheimdienste ist das Bundeskanzleramt. Hier nimmt der Koordinator für Nachrichtendienste die Aufgabe wahr, die drei Dienste zu koordinieren. Im Jahr 2013 bekleidete Ronald Pofalla dieses Amt, um das er nicht zu beneiden war, denn in ihm erlitt er das ungewollte Schicksal eines totalen Glaubwürdigkeitsverlustes. Am 16. August 2013 verkündete Pofalla: „Der Vorwurf der vermeintlichen Totalausspähung in Deutschland ist nach den Angaben der NSA, des britischen Dienstes und unserer Nachrichtendienste vom Tisch. Es gibt in Deutschland keine millionenfache

Grundrechtsverletzung."[58] Sicherlich verfolgte Pofalla das kurzfristige Ziel, die Fehler der deutschen Nachrichtendienste aus dem aktuellen Wahlkampf herauszuhalten, aber er sollte aufgrund seiner Äußerungen der neuen Bundesregierung nicht mehr angehören.

Die NSA-Affäre erreichte früher oder später auch den BND, es war nur eine Frage der Zeit. Jesselyn Radack, Anwältin von Edward Snowden und US-Bürgerrechtsaktivistin, wies auf die enge Zusammenarbeit der NSA mit dem BND hin.[59] Nach ihren Aussagen haben deutsche Nachrichtendienste an der Bespitzelung und Überwachung durch die NSA aktiv mitgewirkt, denn die Dienste sind seit langem Partner und betreiben eine enge Zusammenarbeit. Diese Zusammenarbeit geschieht allerdings nicht auf Augenhöhe, denn die deutschen Dienste liegen technisch gesehen weit hinter der NSA zurück und sind äußerst abhängig von den Informationen anderer Geheimdienste. Laut BND-Chef Gerhard Schindler kann der BND seinen gesetzlichen Auftrag nicht einmal mehr ansatzweise ohne die Zusammenarbeit mit den amerikanischen Geheimdiensten erfüllen.

Wir wurden immer schon belauscht

Diese Erkenntnis gilt spätestens seit 1972, als der Spiegel die bundesdeutsche Bevölkerung über die NSA aufklärte: „Ihre 2000 Horchposten in aller Welt fangen nahezu jeden ausländischen Funkspruch, jedes wichtige

Telefongespräch auf und analysieren das gewonnene Material. *Dirnsa,* wie der NSA-Direktor in der Kürzel-Sprache heißt, weiß nahezu immer, was in fremden Kanzleien und Botschaften gespielt wird."[60] Diese Erkenntnis ist inzwischen über 40 Jahre alt und wirft ein Licht auf die gespielte Empörung unserer Tage, die unaufrichtig und inszeniert erscheint.

Vieles, was heute aufgeregt diskutiert wird, scheint neu und ungeheuerlich. Dabei war manches schon vor dem Internet möglich und bekannt. Ab den frühen 1970er Jahren wurden zunehmend Satelliten für die Datenübermittlung genutzt. Ein Vorgängersystem der heutigen Megaüberwachung verbirgt sich hinter dem Namen *Echelon*.[61] Arbeitsteilig überwachten die westlichen Nachrichtendienste der *Five-Eyes* mit riesigen Abhörstationen die weltweite Satellitenkommunikation. Die britischen Hochposten des GCHQ richteten sich auf Westeuropa und den Nahen Osten, die amerikanischen Stationen der NSA auf den Ostblock und China. Das geteilte Deutschland war ein zentrales Informationsfeld für die Lauscher, denn hier standen sich die Truppen der NATO und des Warschauer Paktes direkt gegenüber. Besonders in der Nähe der DDR-Grenze gab es zahlreiche Abhörstationen.

Mit dem Ende des Kalten Krieges wurde die Arbeit in den Abhörstationen fortgeführt. Es wirft ein bemerkenswertes Licht auf die aktuelle Diskussion, dass bereits 2001 der damalige Bundesbeauftragte für Datenschutz, Joachim Jakob, über die Tätigkeit der NSA berichtete:

„Nach Expertenmeinung scannt die NSA seit Anfang der 80er Jahre weltweit Telefonate, Faxe, Telexe und E-Mails. Computerprogramme sortieren nach Schlüsselbegriffen aus der Fülle der zwischengespeicherten Daten Begriffe, Namen oder Nummern aus, die für die NSA, aber auch für andere staatliche Stellen wie Polizeibehörden von Bedeutung sein können. Mit Echelon wäre nicht auszuschließen, dass auch Bundesbürger, inländische Unternehmen oder öffentliche Stellen überwacht werden." [62]

Der Bericht von Joachim Jakob wirft ein ganz neues Licht auf die gespielte Empörung von Politikern, die ganze dreizehn Jahre nach der Veröffentlichung so tun, als wüssten sie von nichts. Falls sie wirklich nichts wissen, stellt sich die Frage, ob die Informationen des Datenschutzbeauftragten in den vergangenen dreizehn Jahren ihres Vorliegens nicht zur Kenntnis genommen wurden? Selbst wenn das der Fall gewesen wäre, sind die Abhöranlagen von Echelon mit ihren riesigen Kuppelantennen so unübersehbar groß, dass jeder deutsche Politiker sie gesehen haben muss, wenn er beispielsweise auf dem Weg vom Starnberger See zum Chiemsee am dazwischenliegenden Bad Aibling vorbei kam. Und wer seinen eigenen Augen nicht trauen wollte, hätte dann wenigstens durch das Europäische Parlament aufgeschreckt werden müssen, das im Jahr 2001 einen Abschlussbericht über Echelon vorlegte. Vielleicht mag die gespielte Unkenntnis mit dem mangelnden Interesse zusammenhängen, das sich schlagartig durch die Terroranschläge vom 11. September 2001 veränderte. Jede Regierung versuchte nun, die eigenen Überwachungsmöglichkeiten auszubauen, die Kritik an Echelon verstummte jäh.

Als im Jahr 2004 die Anlage in Bad Aibling von der NSA geschlossen und an den BND zur weiteren Nutzung übergeben wurde, wurden Vorwürfe der Wirtschaftsspionage gegen europäische Unternehmen laut, die vom stellvertretenden Präsidenten des Europäischen Parlaments, Gerhard Schmidt, in einem Bericht vorgelegt wurden. Die Spezialisten des BND, die ja mit ihren amerikanischen und britischen Kollegen eng zusammenarbeiteten, kannten das Ausmaß der Datenabschöpfung der NSA bestens. Es war ihnen bekannt, dass jede über die Satelliten laufende Kommunikation durch das Programm Echelon abgeschöpft werden konnte, zum Beispiel auch das Handy Gerhard Schröders in seiner Amtszeit bis zum Jahr 2005, später das Handy von Bundeskanzlerin Angela Merkel.

Nicht erst die Dokumente von Edward Snowden lieferten Beweise für die Abhörpraxis. Öffentlichkeitswirksam setzte Angela Merkel ein politisches Signal mit ihrem Bekenntnis: *Deutschland ist kein Überwachungsstaat.* [63] Doch zum Thema, was die Bundesregierung über die Spionageaktivitäten wusste, stellt der Journalist Adrian Lobe die spitze Frage: Ahnungslos oder unehrlich? [64] Und diese Alternative ist in unserem Land durchaus eine moralische Kategorie.

Überwachung total

Die *Inhalte* von Gesprächen sind für die Geheimdienste erst in einem zweiten Schritt interessant. Besonders der NSA geht es zuerst um die *Metadaten,* d.h. um die Informationen, wer wann mit wem telefoniert. Telefonate werden heute von den Telefongesellschaften über wenige zentrale Knoten abgewickelt. An diesen zentralen Knoten können die kompletten Gespräche ausgeleitet werden.

Das Programm *Prism* erfüllt Aufgaben, die man durch Abhörtechniken bisher nicht erledigen konnte: die gezielte Anforderung von Daten bei Internet- und Telekommunikationsunternehmen. Auf der Liste standen alle Firmen mit Rang und Namen: Microsoft, Google, Yahoo!, Facebook, YouTube, Skype, AOL und Apple.[65] Es ist sehr wahrscheinlich, dass Metadaten und verdächtige Inhalte langfristig gespeichert werden. Naiv wäre es anzunehmen, dass sich die Nachrichtendienste diese Möglichkeit entgehen lassen werden. Umfang und Dauer der Speicherung werden sich stets nach den technischen Möglichkeiten richten. Schon jetzt ist bekannt, dass die Metadaten der US-Telefongesellschaften von der NSA für 5 Jahre gespeichert wurden.[66] Auf keinen Fall lässt sich das Programm Prism mit der deutschen Verfassung vereinbaren, auch nicht mit den europäischen Grundrechten - und schon gar nicht mit den Allgemeinen Menschenrechten.

Mit dem Programm *Mystic* sammelt die NSA nicht nur die Verbindungsdaten, sondern auch die Inhalte von Telefonaten. Nach Berichten der Washington Post kann die komplette Sprachkommunikation eines ganzen Landes mittels des Programmes Mystic aufgesaugt werden. Angeblich werden die Telefonate für 30 Tage gespeichert und Mitarbeiter der NSA könnten sie in dieser Zeit anhören - und Gesprächsausschnitte auch für längere Zeit speichern. Damit können die NSA die Telefongespräche rückwirkend abhören. Es ist also durch Mystic möglich, auch dann Gespräche abzuhören, wenn eine verdächtige Person zum Zeitpunkt des Telefonats noch gar nicht verdächtig geworden ist.

Derzeit ist das Handy bzw. das *Smartphone* das Rückgrat eines umfassenden Kontrollwerkzeugs. Es hat sämtliche Überwachungsfunktionen eingebaut. Mobiltelefone funken auf den im GSM-Standard festgelegten Frequenzen. Sie melden sich in der geeignetsten Basisstation an, die sich im Empfangsbereich befindet. Oft sind diese Handymasten in Kirchtürmen oder Schornstein-Attrappen verborgen. Es gibt viele solcher Basisstationen, da ein Sender maximal 35 Kilometer weit senden kann. Bewegt sich das Gerät aus einer Funkzelle heraus, wird es automatisch an die nächste weitergereicht. Solange das Handy eingeschaltet ist, weiß der Betreiber immer, in welcher Region man sich befindet. Die 15-stellige IMSI-Nummer ist auf der SIM-Karte gespeichert und ermöglicht die Vermittlung der Gespräche. Ist eine Verbindung aktiv, kann der Standort des Telefons auf die Funkzelle genau bestimmt werden (etwa 150-300 Meter, bis auf 5

Meter kann die Genauigkeit gesteigert werden).[67]

Laut den Enthüllungen Snowdens sammelt die NSA auch Massen an Bildern und Portraits aus dem Internet, um sie mit einer Gesichtserkennungssoftware zu prüfen. Es sind täglich Millionen Bilder. In der Datenbank des US-Außenministeriums werden zudem die Bilder zu Visa-Anträgen gespeichert. Kurz nach dem Auftauchen der Berichte dementierte die NSA durch Admiral Michael S. Rogers am 4.6.2014 die routinemäßige Gesichtserkennung von US-Bürgern, um zugleich die Anwendung der Technologie auf ausländische Zielpersonen zuzugeben, mit dem Ziel, weltweit Menschen zu identifizieren.

Ein Programm namens *Turbine* soll NSA und GCHQ in die Lage versetzen, in Sekundenschnelle Zugriff auf einen Computer zu bekommen. Die FAZ beschrieb dieses Programm so: „Die Agenten bekamen direkten Zugriff auf in Laptops verbaute Mikrofone und Kameras, sie können das Anzeigen von bestimmten Webseiten unterbinden, den Inhalt von Festplatten auslesen und manipulieren und jede Verschlüsselung umgehen, indem sie die Daten abgreifen, wo sie anfallen – direkt von der Tastatur."[68] Eine Hacking-Methode, die Implantate (eine Schadsoftware) auf dem Computer der Zielpersonen installiert, ist in dem Programm Turbine beschleunigt worden, denn es automatisiert die Verteilung von Implantaten. Programme, die selbstständig ohne menschliches Zutun arbeiten, können das gesamte Netz kontrollieren. Die Angriffe sind grenzenlos und unterliegen kaum einer internen Aufsicht. Die Daten können dort abgegriffen werden, wo sie entstehen: im Rechner der Nutzer. Noch stellt das Programm eine Möglichkeit dar, seine Massenanwendung ist noch nicht belegt worden.

Am 30. Mai 2014 berichtete die süddeutsche Zeitung von den Plänen des BND, soziale Netzwerke live ausforschen zu wollen. Soziale Netzwerke wie Facebook und Twitter sollen ausgeforscht werden, noch während die Nutzer aktiv sind, also in Echtzeit. Dies betrifft alle Mitteilungen, Bilder und Daten, die zwischen den Mitgliedern ausgetauscht werden. Das Projekt läuft unter dem Titel „Echtzeitanalyse von Streaming-Daten". Die Kosten des Programms werden bis 2020 auf 300 Millionen Euro beziffert. Der Bundestag wollte im Herbst 2014 über den Beginn der „Strategischen Initiative Technik" entscheiden. Sollte es nicht verhindert werden, würde der BND seine Ausspähungen aufrüsten, um mit dem NSA und Co. auf vergleichbarem Niveau zu sein.

Vorratsdatenspeicherung

Im Jahr 2006 beschloss die Europäische Union eine Richtlinie, mit der die Mitglieder zur Speicherung der Telekommunikationsdaten *auf Vorrat* verpflichtet wurden. Der Spielraum für die Speicherfrist belief sich auf eine Zeit von 6 Monaten bis zu 2 Jahren.[69] Auch die Daten zur Internetnutzung mussten erfasst werden, einschließlich der IP-Adressen und des E-Mail-Verkehrs. Der Bundestag setzte die EU-Richtlinie um, und die Telefongesellschaften wurden verpflichtet, sämtliche Verkehrsdaten auf 6 Monate zu speichern. In einem Zeitraum von 4 Jahren wurde die Vorratsspeicherung in Deutschland angewendet. Das bedeutete, dass personenbezogene Daten für öffentliche Stellen gespeichert wurden, allein für den Fall, dass sie einmal benötigt werden *könnten*. Die Daten erlauben jedem, der auf sie Zugriff hat, weitreichende Analysen über das Kommunikationsverhalten eines jeden Teilnehmers.

Doch am 2. März 2010 erklärte das Bundesverfassungsgericht die gesetzlichen Vorschriften zur Vorratsdatenspeicherung für verfassungswidrig. Die Speicherung sei nur unter strengen Anforderungen zulässig: zur Verfolgung schwerer Straftaten und zur Gefahrenabwehr bei tatsächlichen Anhaltspunkten einer konkreten Gefahr. Damit war die Vorratsdatenspeicherung nach vierjähriger Anwendung wieder vom Tisch - aber nicht ganz. Man kann bei der Bewertung des Urteils des Bundesverfassungsgerichts durchaus von einem *Schlupfloch* sprechen,[70] das allerdings spätestens von dem Urteil des Europäischen Gerichtshofes vom 8. April 2014 geschlossen wurde. Das europäische Urteil erklärte die Richtlinie zur Vorratsdatenspeicherung für nicht vereinbar mit der EU-Grundrechtecharta. Somit war die Richtlinie ungültig. Auch die Zielsetzung der Vorratsdatenspeicherung, Kriminalität und Terrorismus zu bekämpfen, kann jedoch, so grundlegend sie auch sein mag, für sich genommen die Erforderlichkeit einer Speicherungsmaßnahme für die Kriminalitätsbekämpfung nicht rechtfertigen.[71] „Der mit der Richtlinie 2006/24 verbundene Eingriff in die in Art. 7 und Art. 8 der Charta verankerten Grundrechte ist von großem Ausmaß und als besonders schwerwiegend anzusehen. Sie führt zu einem Eingriff in die Grundrechte fast der gesamten europäischen Bevölkerung. Außerdem ist der Umstand, dass die Vorratsspeicherung der Daten und ihre spätere Nutzung vorgenommen werden, ohne dass der Teilnehmer oder der registrierte Benutzer darüber informiert wird, geeignet, bei den Betroffenen das Gefühl zu erzeugen, dass ihr Privatleben Gegenstand einer ständigen Überwachung ist."[72]

Das Urteil des Europäischen Gerichtshofes ist ein Hoffnungszeichen für alle, die sich politisch für einen verantwortlichen Umgang mit den Daten einsetzen wollen. Es ist auch eine Chance für Europa, auf der globalen Weltbühne für das Recht auf informationelle Selbstbestimmung einzutreten.

Auf der Liste

Menschen, die zu Unrecht verdächtigt werden, empfinden diese Situation als sehr unangenehm. Werden Verdächtige sogar zu Unrecht verurteilt, trägt das Gerechtigkeitsempfinden einen schweren Schaden davon. Die Vereinten Nationen führen seit geraumer Zeit *Anti-Terror-Listen* über terrorverdächtige Personen und Organisationen. Die Listen gelten weltweit. Wer auf ihnen zu finden ist, wird von sämtlichen Wirtschafts- und Finanztransaktionen ausgeschlossen. Sein Konto wird eingefroren, seine Versicherungen werden gekündigt, er darf weder Lohn noch Sozialleistungen erhalten.

Diese Datensammlungen gehören zu den wichtigsten und zugleich zu den umstrittensten.[73] Ein Betroffener kann nämlich nicht nachprüfen, warum sein Name auf einer dieser Listen erscheint. Die Namen werden einfach von nationalen Regierungen an den UN-Sanktionsausschuss gemeldet. Die Gründe dafür sind in der Regel ebenso geheim wie die Kriterien, nach denen die Aufnahme in die Listen erfolgt. Peter Schaar, Bundesbeauftragter für Datenschutz a.D., kritisierte, dass den Betroffenen keinerlei unmittelbarer Rechtsschutz zur Verfügung steht: „Da zudem keine gerichtliche oder sonstige unabhängige Überprüfung stattfindet, verfehlt das Verfahren die rechtsstaatlichen Mindestanforderungen bei weitem."[74]

Zu Unrecht setzte die britische Regierung im Oktober 2008 Abduhlbasit Abdulrahim auf die Terrorliste der UN. Ohne Anhörung des Betroffenen kam das Sanktionskomitee der Bitte der britischen Regierung nach. Alle Mitgliedsstaaten der UN waren nun verpflichtet, die Konten des Unternehmers Abdulrahim zu sperren, der zwei Restaurants und einen Souvenirshop in London leitete. Auch die EU setzte Abdulrahim ohne weitere Prüfung automatisch auf die eigene Terrorliste. Zu Unrecht, denn der Europäische Gerichtshof rehabilitierte Abdulrahim am 28. Mai 2013 und zeigte auf, welch schwere Konsequenzen die Aufnahme in eine Terrorliste für ihn hatte. Das Einfrieren von Geldern erschütterte zutiefst das Berufs- und Familienleben des Betroffenen und rief eine Stigmatisierung in der Gesellschaft hervor. Inzwischen hat die EU Herrn Abduhlrahim von der Terrorliste gestrichen. Aber der Europäische Gerichtshof stellte klar, dass die Rehabilitierung des guten Rufes von Herrn Abduhlrahim nur erreicht werden kann, wenn gerichtlich festgestellt wird, dass die Aufnahme in die Terrorliste von vornherein rechtswidrig war.[75]

Die USA führen eine sogenannte *No Fly List*. Wer darauf zu finden ist, darf nicht in ein Flugzeug steigen. Wer allerdings nur in der *Terrorist-Watch-List* geführt wird, muss am Flughafen bloß mit gründlicheren Untersuchungen und ausführlichen Befragungen rechnen. Aus ungeklärten Umständen kam eines Tages auch Senator Ted Kennedy auf diese Liste, der sich verständlicherweise sehr über diese „Auszeichnung" aufregte.

Der US-Journalist und Dokumentarfilmer Mark Faulk arbeitete jahrelang an dem Film *Wallstreet Conspiracy* über die Machenschaften der Finanzindustrie. Im Frühjahr 2012 wollte er zur Premiere nach New York fliegen. Doch am Flughafen erlebte er eine böse Überraschung. Der Angestelte von United Airlines zeigte auf ihn und sagte: „Er ist auf der *No Fly List*." Mark Faulk antwortete entsetzt: „Was soll das heißen, ich bin auf der *No Fly*

List?" Doch der Mann von der US-Flugsicherheit wusste das selbst nicht und fragte zurück: „Was meinen Sie, warum Sie auf der Liste sind?" Faulk sagte: „Vielleicht, weil ich bei Occupy sehr aktiv war." Da sagte der Flugsicherheitsmann: „Na, da haben Sie es." Mark Faulk durfte schließlich doch fliegen, er stand wahrscheinlich nur auf der *Watch-List*, wie 400.000 weitere Personen.[76]

Die am wenigsten unwahre Version der Realität

... so nannte der Director of National Intelligence, James Clapper seine Aussagen, mit denen er den amerikanischen Kongressausschuss für Nachrichtendienste im Mai 2013 dreist belogen hatte. Auf die Frage von Ron Wyden, ob die NSA tatsächlich die Telefondaten von Millionen Amerikanern erfasst habe, antwortete Clapper: „Nein, Sir... nicht wissentlich." Weniger als einen Monat später gab er das Gegenteil zu. Metadaten von Telefonanrufen wurden gespeichert und ausgewertet. Allerdings hielt Clapper das nicht für rechtswidrig. Nach seiner Ansicht waren die Daten auf legalem Weg gesammelt worden. Das heißt im Klartext: Geheimdienste haben ohne richterlichen Beschluss die Kommunikation von Amerikanern durchstöbert - augenscheinlich mit Wissen des Justizministeriums. In einem Interview sagte Clapper später, seine Antwort sei *die am wenigsten unwahre Version der Realität* gewesen. Außerdem sei „erfassen" nicht das Gleiche wie „sammeln".[77] Der Vorsitzende des Ausschusses sprach daraufhin von „Andeutungen, die in die

Irre führen". Vereinfacht gesagt: Clapper hatte gelogen.

James Clapper ist nicht der einzige Politiker, der in der Öffentlichkeit gelogen hat. Ähnliche Vorwürfe richten sich gegen eine große Zahl von Personen, die dies in ähnlicher Weise getan haben. Und doch ist der Fall Clapper ein exemplarisches Beispiel für die moralische Verdrehung von Wahrheit und Lüge. Clappers Großvater war noch Pfarrer der Episkopalkirche und hätte das Verhalten seines Enkels sicherlich nicht gutgeheißen. Denn Lügen sind nach christlichen Wertvorstellungen keine „Version der Realität" - auch nicht im Land der unbegrenzten Möglichkeiten. In einer funktionierenden Demokratie werden Amtsträger, die ihr eigenes Volk belügen, ihren Posten räumen müssen. Das unterscheidet Demokratien von Diktaturen.

George W. Bush hätte ohne die Lüge von den Massenvernichtungswaffen Saddam Husseins seinen Angriffskrieg gegen den Irak nicht durchsetzen können. Bei seiner zweifelhaften Version der Realität spielten allerdings Geheimdienste wieder eine unrühmliche Rolle, auch der deutsche BND. David Kay, einstiger US-Chefwaffeninspekteur im Irak, erhob im Jahr 2008 schwere Vorwürfe gegen den BND, zusammengefasst in den Worten: „Unehrlich, unprofessionell und verantwortungslos." [78]

In einem Spiegel-Interview schilderte Kay, wie der BND-Informant *Curveball* half, mit einer Lügengeschichte den Krieg zu rechtfertigen. Zwar ist davon auszugehen, dass die US-Regierung so oder so zum Krieg entschlossen war, aber Kay stellte klar: „Ob die Abgeordneten ihre Zustimmung gegeben hätten, wenn sie gewusst hätten, dass weder die rollenden Bio-Giftküchen existieren noch die Verbindungen zur al-Qaida? Nein, ich bin ziemlich sicher, das Abstimmungsergebnis wäre anders ausgefallen. Ich glaube, es wäre ohne die falschen Geheimdienstinformationen wesentlich schwerer geworden, diese Nation in den Krieg zu führen."[79] Es ist nicht das erste Mal, dass Regierungen das Nein der Bevölkerung zu Kriegsplänen durch Falschinformationen überspielen wollen. Eine hohe Wachsamkeit ist in Demokratien ohnehin angebracht, denn: Ohne Übertreibungen und Lügen sind Kriege in demokratischen Staaten nicht mehr durchsetzbar.[80]

Wege in die Ehrlichkeit

Jesus stellte zu Lebzeiten das radikale Prinzip der Ehrlichkeit auf. „Eure Rede aber sei: Ja, ja; nein, nein. Was darüber ist, das ist vom Übel." (Matthäus 5,37) Dieses Wort stammt aus einer längeren Rede von Jesus, die als *Bergpredigt* bekannt ist. Es geht im Zusammenhang des Textes darum, dass die Menschen keinen falschen Eid schwören sollen - so sagt es das Alte Testament, und so sagt es auch unsere heutige Rechtsprechung. Wer einen falschen Eid vor Gericht schwört, macht sich strafbar. Jesus bestätigt die Richtigkeit dieses Gebotes aus dem Alten Testament. Zugleich fordert er seine Hörer auf, überhaupt nicht zu schwören.

Jesus geht damit einen Schritt über das Alte Testament hinaus. Unsere Worte sollen in jedem Fall verlässlich sein, nicht nur in besonderen Situationen, wenn wir unter Eid stehen. Wer einen anderen zum Schwur auffordert, drückt ja bereits ein Misstrauen aus. Und unehrliche Menschen können sich das Vertrauen auch nicht durch einen Schwur erwerben, denn niemand kann sich sicher sein, ob es nicht ein Meineid ist. Wie wenig Vertrauen haben wir in Menschen, die immer gleich schwören müssen, um als glaubwürdig zu gelten. Viel besser ist es, wenn unsere Worte stets der Wahrheit entsprechen.

Nun kann man ja der Meinung sein, die Ethik Jesu sei etwas für Gutmenschen und habe in der realen Welt keine Chance. Ich glaube jedoch, da irren wir uns, denn gerade in der realen Welt brauchen wir ganz neu den Maßstab der Ehrlichkeit. Das Schicksal unserer Demokratie hängt zu nicht geringem Maße von diesem Prinzip ab. Auch der politische Alltag, der mit Lügen aller Art angefüllt ist, darf nicht das Prinzip verrücken. Wenn wir Unwahrhaftigkeit akzeptieren, mit der lapidaren Bemerkung, dass es ja alle - oder viele - so machen, sind die Folgen fatal. Unehrlichkeit in der Politik führt zu Politikverdrossenheit, Frustration, Misstrauen und fördert den Extremismus.

Eine funktionierende Demokratie kennt nur einen Umgang mit Politikern, die bewusst ihre Wähler belügen: Abwahl oder Abberufung aus ihrem Amt. Der Schaden, den unehrliche Politiker anrichten, ist so immens, dass sich eine demokratische Gesellschaft in der Zukunft solche Personen nicht mehr leisten kann. Und die Zukunft ist in dieser Hinsicht durchaus hoffnungsvoll. Noch funktioniert das moralische Empfinden der Menschen. Beispielsweise haben die USA auf die Lügen der Busch-Regierung mit großer Empörung reagiert. Charles Lewis vom Center for Public Integrity wies der Bush-Regierung vor dem Irak-Krieg 935 unwahre Behauptungen nach. Die Öffentlichkeit hat dies der Busch-Regierung nie verziehen, die Nachwirkungen sind noch immens.

Sämtliche Vorwürfe im Zusammenhang mit der Busch-Regierung betreffen aber auch direkt oder indirekt die Geheimdienste. Dana Perino beteuerte als Sprecherin des Weißen Hauses bei ihrer Befragung zum Irak-Krieg, man habe als Teil einer Koalition den Irakkrieg „auf der Grundlage der damals von allen gleich interpretierten Erkenntnissen der Geheimdienste" geführt.[81] Wenn das eine Entschuldigung sein soll, so hat Dana Perino den schwarzen Peter vollständig an die Geheimdienste weitergegeben. In jedem Fall ist die Glaubwürdigkeit der Geheimdienste bis heute erschüttert.

„Ein treuer Zeuge lügt nicht, aber ein falscher Zeuge redet frech Lügen." Sprüche 14, 5. Diese Lebensweisheit erweist sich bis heute als lebenstauglich. Der Kirchenvater Augustinus war der erste Theologe, der sich mit dem Thema Lüge und Wahrheit systematisch beschäftigte. Er machte auf den Selbstwiderspruch der Lüge aufmerksam, die in Folgendem besteht: Lüge muss, um erfolgreich zu sein, das Vertrauen in die Wahrheit menschlicher Rede voraussetzen. Aber genau das zerstört sie zugleich. Deshalb haben Lügen immer einen langfristigen Schaden zur Folge. Jesus zeigte nicht nur uns Menschen persönlich, sondern auch unserer Gesellschaft den Weg zur Ehrlichkeit auf. Dieser Weg mag gesellschaftlich noch als Utopie erscheinen, im persönlichen Leben ist er umsetzbar - mit unübersehbaren Auswirkungen auf die Gesellschaft.

Kapitel 6

Visionen vom Überwachungsstaat

Big Brother ist ein Brite

Die schlimmsten Auswüchse hat der Sicherheitswahn in Großbritannien erlebt. Anne-Catherine Simon schilderte noch vor Publikwerden des NSA-Skandals die Situation der Briten, die bereits alle Anzeichen eines drohenden Überwachungsstaates aufweist:

„Zu Beginn des 21. Jahrhunderts werden die Briten rund um die Uhr von fünf Millionen Kameras beobachtet, ihre E-Mails werden überwacht, Lügendetektoren beurteilen ihre Aussagen am Telefon. Kriminelle wie Verdächtige müssen DNA-Proben abgeben, die unbegrenzt lange gespeichert werden. Alle Bürger werden mit Fingerabdrücken und Bild im nationalen Register erfasst. Multinationale Konzerne protokollieren ihre Einkäufe, Reisen und Internetbewegungen und reichen diese Daten weiter. Bürger observieren Bürger über spezielle Fernsehkanäle, Eltern filmen Babysitter mit versteckten Minikameras und überwachen am Computer ihre Kinder auf dem Schulweg. Die Hunde, Gefangenen und Mülltonnen der Briten werden mit Funkchips kontrolliert, ihr Abwasser auf Drogenrückstände untersucht. Und bei der Ausreise am Flughafen werden sie von Spezialgeräten praktisch ausgezogen. Binnen eines Jahrhunderts hat das Mutterland der modernen Demokratie mehr und mehr die Züge eines Orwell'schen Überwachungsstaates angenommen." [82]

Die Entwicklung in Großbritannien nahm ihren Lauf, als Premierminister Tony Blair sein Amt mit dem populistischen Slogan *Robust gegen Verbrechen, robust gegen die Wurzeln von Verbrechen* antrat. Im Laufe der letzten Jahre hat sich Großbritannien zum rabiatesten Überwachungsstaat der westlichen Welt entwickelt - und ist auch noch stolz darauf. Die *Zeit* titelte sarkastisch: „Big Brother ist wirklich ein Brite".[83] Die Stichworte *Orwell* und *1984* fallen im Herkunftsland des Schriftstellers immer häufiger.

Und das nicht von ungefähr, denn die New-Labour-Regierung etablierte als Gipfel aller umstrittenen Maßnahmen auch noch die größte genetische Datenbank der Welt. Die hier gesammelten DNA-Proben speisen sich nicht nur von hochkarätigen Straftätern, sondern von beinahe jeder Person, die einmal wegen geringfügiger Delikte von der Polizei festgenommen wurde. Sir Alec Jeffreys äußerte den Verdacht, dass die DNA nicht nur Tatverdächtige überführen soll, sondern auch nach genetischen Informationen durchforstet wird.[84] Welchen Zwecken dieses Interesse dient, bleibt der einstweiligen Mutmaßung überlassen.

Nino Leitner veröffentlichte über die Kameraüberwachung in Großbritannien seinen Dokumentarfilm *Every step you take*. Er zeigt, wie ein Brite auf seinem Weg zur Arbeit schätzungsweise 300 Mal gefilmt wird. Es bedarf keiner Genehmigung, um Kameras zu installieren, viele wissen nicht einmal um die Existenz solcher Gerätschaften. Der kritische Dokumentarfilm geht der Frage nach, warum ausgerechnet George Orwells Heimatland zum

Land der Überwachung wurde. Eine mögliche Antwort könnte das gesteigerte Sicherheitsbedürfnis sein. Ohne Frage ist die Kriminalitätsrate in England sehr hoch. Anscheinend ist Großbritannien durch die Kameras aber keineswegs sicherer geworden. Die Kriminalitätsstatistik weist das Gegenteil auf. Nirgendwo gibt es mehr Einbrüche als in Großbritannien, obwohl es an keinem Ort der Welt mehr Alarmanlagen gibt. London ist die Metropole der Messermörder, auch wenn die Kameras alles aufzeichnen. Opfer wurden auf offener Straße abgestochen, aber niemand kam zur Hilfe. Alles keine guten Nachrichten hinsichtlich der Kriminalitätsbekämpfung in Großbritannien.

Orwell - 1984

Im Jahr 1948 stellte der englische Schriftsteller George Orwell seinen Roman *1984* vor. Die Jahreszahl war ein Zahlendreher des Jahres 1948, also der Gegenwart des Schriftstellers. Damit sollte der Roman einerseits die noch fern erscheinende Zukunft des Jahres 1984 beschreiben, andererseits machte das Zahlenspiel deutlich: Die Bausteine für die düstere Zukunft waren für Orwell bereits in der Gegenwart angelegt.

Orwell stellte in seinem Roman auf satirische Weise einen totalitären Überwachungsstaat dar. Protagonist der Handlung ist Winston Smith, der als einfaches Mitglied der herrschenden Partei des *Großen Bruders* gegen die allgegenwärtige Überwachung durch die Parteispitze aufbegehrt und sich verzweifelt seine Privatsphäre sichern will. Er verliebt sich in Julia, die zu seiner Mitwisserin wird. Doch die Geschichte endet tragisch: Smith verrät seine Geliebte und wird schließlich einer Gehirnwäsche unterzogen.

Oft ist der Roman *1984* in den zurückliegenden Jahrzehnten des 20. Jahrhunderts herangezogen worden, um auf gefährliche Tendenzen in Richtung eines Überwachungsstaates hinzuweisen. Ausdrücke wie *big brother is watching you* oder *Neusprech* gingen in den allgemeinen Sprachgebrauch der westlichen Welt ein. Dabei erfährt der Roman erst in unserer Gegenwart seine eigentliche Aktualität. Die neuesten technischen Möglichkeiten der digitalen Welt lassen die Schreckensvisionen von Orwell erstmals überhaupt vorstellbar werden. In Orwells Staat Ozeanien überwacht die allgegenwärtige Gedankenpolizei die gesamte Bevölkerung noch mit Hilfe von sogenannten *Televisoren,* nicht abschaltbaren Empfangs- und Sendegeräten, die jedes Geräusch registrieren und alle Wohnungen visuell ausspähen.

Nach Bekanntwerden des PRISM - Überwachungsprogramms des US-Geheimdienstes NSA im Juni 2013 stieg Orwells Buch in der Liste der meistverkauften Bücher von Amazon in den USA wieder auf Rang 66 - sicherlich nicht ohne Grund. Ob die gesteigerte Lektüre des Romans das Problembewusstsein der US-Bürger allerdings verschärft hat bleibt abzuwarten.

Skeptiker mögen einwenden, dass ein Vergleich unserer Gegenwart mit Orwells Roman eine grenzenlose Übertreibung darstellt, denn: *Wir* werden ja nicht ständig überwacht. Wahrscheinlich hat auch niemand Interesse an den Inhalten unserer Telefongespräche. Ist das Szenario vom Überwachungsstaat nur eine weitere Verschwörungstheorie? Leider nein. Der Vergleich von Orwells Vision mit der Realität ist alles andere als beruhigend. Die Wirksamkeit eines Überwachungsstaates entfaltet sich nämlich nicht erst in dem Moment, in dem alles jederzeit beobachtet wird. Die negativen Folgen der Überwachung stellen sich bereits in dem Augenblick ein, in dem eine Überwachung potenziell möglich ist.

In dem Roman *1984* werden die Bürger nicht unbedingt zu jeder Zeit überwacht. Aber es existiert in jedem Moment die Möglichkeit einer Überwachung. Die Bürger wissen zwar nicht, ob sie überhaupt überwacht werden - aber der Staat hat die Möglichkeit und ist in der Lage, sie zu jedem beliebigen Zeitpunkt zu beobachten. Gerade das dient dem Ziel, alle auf Linie zu halten. In unserer Zeit könnte auch die NSA nicht jede E-Mail lesen und nicht jedes Telefongespräch anhören. Doch die Effektivität bei der Kontrolle menschlichen Verhaltens liegt im Wissen jedes einzelnen Bürgers, dass die eigenen Worte und Handlungen jederzeit erfasst werden könnten.[85] Und die Folgen eines solchen Konjunktivs sind so real wie die Konsequenzen einer tatsächlichen Überwachung. Wir bekommen sie heute schon zu spüren.

George Orwell hatte seit dem Spanischen Bürgerkrieg, der 1939 mit dem Sieg des rechtsgerichteten Generals Franco endete und bis zum Tode Francos 1975 zu einer anhaltenden Diktatur in Spanien geführt hatte, ausdrücklich vor dem Totalitarismus gewarnt. Auch in unserer Zeit geht das Schreckgespenst des Totalitarismus wieder in der Welt herum. Ein Blick in die Nachrichten zeigt, dass die Sorge um Freiheit und Demokratie mehr als berechtigt ist. Zum einen wird die Demokratie als Staatsform in vielen Teilen der Welt nicht als das erstrebenswerte Erfolgsmodell der Zukunft gesehen. Des Weiteren sind die Werte der Demokratie auch in westlichen Staaten keine Errungenschaften, die selbstverständlich bewahrt werden. Das zarte Pflänzchen der Demokratie ist stets gefährdet, wenn die Stiefel des Totalitarismus einherschreiten.

Das Motiv zur Massenüberwachung ist stets dasselbe: Die Unterdrückung jeder abweichenden Meinung und die Förderung von angepasstem Verhalten. Auch Demokratien stehen, wenn sich diese Macht unkontrolliert entfalten kann, in der Gefahr, ihre demokratischen Prinzipien abzuschaffen. Dies setzt nicht unbedingt bösen Willen voraus, sondern ergibt sich aus der Tatsache, dass unkontrollierte Macht immer eine eigene Dynamik entfaltet, hin zum Negativen, schließlich auch zum Bösen. „Die Kommunikation von Menschen verfolgen zu können verschafft enorme Macht. Und wenn diese Macht nicht durch eine rigorose Beaufsichtigung und

Rechenschaftspflicht unter Kontrolle gehalten wird, wird sie mit allergrößter Wahrscheinlichkeit missbraucht. Zu erwarten, dass die amerikanische Regierung unter vollständiger Geheimhaltung eine riesige Überwachungsmaschine unterhält, ohne ihren Verlockungen zu erliegen, widerspricht einfach den Erfahrungen der Geschichte und der menschlichen Natur." [86]

Offenbarung des Johannes

In der Geschichte der Menschheit haben sich nicht nur Dichter und Denker mit mahnenden Stimmen zu Wort gemeldet, sondern auch die *Propheten,* die in den Religionen dieses Amt wahrgenommen und ihre Weissagungen in das politische Tagesgeschäft eingeworfen haben. Im Alten Testament der Bibel finden wir zahlreiche solche Propheten, die das Volk Israel auf seinem Weg durch die Geschichte begleitet haben. Auch das Christentum kennt diese Tradition, die ihren besonderen Niederschlag im letzten Buch der Bibel gefunden hat, der Offenbarung des Johannes, die auch *Apokalypse* genannt wird.

Der Seher Johannes warnte die ersten Christengemeinden vor einer schlimmen Zeit, die durch Verfolgung, schreckliche Kriege und Katastrophen geprägt sein sollte, die über die Erde ergehen würden. Seine Schrift nennt als Adressaten sieben Gemeinden in Kleinasien. Die genannten Gemeinden wurden in ihrer Gründungsphase vom Apostel Paulus theologisch geprägt. Nun litten sie unter schlimmen Repressalien. Das Schreiben wurde von den im Römischen Reich unterdrückten Christen als Buch der Hoffnung auf eine bessere Welt am Ende der Zeit verstanden.

Von besonderem Interesse für unsere Thematik sind die Kapitel im mittleren Teil der Apokalypse, die sich auf dem Höhepunkt des dramatischen Geschehens abspielen. Vorangegangen sind sieben Briefe an die Gemeinden und eine Schilderung der ersten Visionen des Sehers, die auf die Bedeutung von Jesus Christus in der himmlischen Welt hinweisen und seine Rolle für das Ende der irdischen Welt darstellen. Dann widerfahren der Welt die ersten Schrecken, die in Form von sechs geöffneten Siegeln ergehen. Ein weißes, ein rotes, ein schwarzes und ein fahles Pferd durchziehen die Welt und bringen zuerst Sieg, dann Krieg, dann Hungersnot und schließlich den Tod von einem vierten Teil der Erdbevölkerung. Als das fünfte Siegel geöffnet wird, sieht Johannes die Seelen der Märtyrer, die aus Glaubensgründen umgebracht wurden. Das sechste Siegel bringt schließlich große Katastrophen über die Erde, bevor das siebte Siegel die weiteren Geschehnisse eröffnet.

„Und ich sah: Als es das sechste Siegel auftat, da geschah ein großes Erdbeben, und die Sonne wurde finster wie ein schwarzer Sack, und der ganze Mond wurde wie Blut, und die Sterne des Himmels fielen auf die Erde, wie ein Feigenbaum seine Feigen abwirft, wenn er von starkem Wind bewegt wird. Und der Himmel wich wie eine Schriftrolle, die zusammengerollt wird, und alle Berge und Inseln wurden wegbewegt von ihrem Ort." Offenbarung 6, 12-14.

Ausleger der Offenbarung sind sich uneins, wie die Bilder des Johannes zu verstehen sind. Für viele bleibt die Apokalypse ein Buch mit sieben Siegeln. Es wurde auch spekuliert, ob Johannes etwas beschreibt, das nur aus heutiger Sicht erklärbar ist und damals wie ein antiker Science-Fiction vor seinen Augen abgelaufen sein muss. Als Zuschauer dieses Films würde Johannes quasi einen Atomkrieg miterleben, er würde sehen, wie unzählige Langstreckenraketen wie Sterne aus dem Himmel gleichzeitig ihre Ziele anfliegen, wie die Explosion von Atombomben zu einer ungeheuren Erschütterung der Erde führen und wie die Atompilze den Himmel verdunkeln. Auch die Filmindustrie hat den Vergleich mit dem Buch der Offenbarung in vielen Varianten aufgegriffen und damit nicht gerade einen Beitrag zur Verringerung der apokalyptischen Weltangst geleistet.

Zu Beginn der 1980er Jahre mobilisierten sich Millionen Menschen gegen den drohenden Atomtod durch die nukleare Aufrüstung. Begründet sahen sie ihre Angst in der Krise der Entspannungspolitik und der Aufrüstung Westeuropas mit der Pershing II und Cruise Missiles, die eine Antwort auf die sowjetischen SS-20 sein sollten. Doch das große Ziel, die Aufrüstung zu verhindern, konnte nicht erreicht werden. Dem schwedischen Institut Sipri zufolge verfügten im Jahr 2014 die Atomwaffen-Staaten über etwa 16.300 Atomsprengköpfe. In keinem der Staaten gibt es Anzeichen, dass Atomwaffen vollständig abgeschafft werden; es gibt im Gegenteil Bestrebungen, die Arsenale zu modernisieren.[87] Realistisch eingeschätzt ist die Gefahr eines Atomkrieges seit den 1980er Jahren nicht geringer geworden.

Johannes vergleicht die politischen Großreiche der Welt mit reißenden Tieren, ein sehr passender Vergleich, wie wir zugeben müssen. Vor den Tieren müssen sich alle Gläubigen und Rechtschaffenen hüten, wenn sie nicht zerrissen werden wollen. Ein solches Reich, das Johannes im 13. Kapitel seiner Apokalypse beschreibt, trägt alle Züge eines modernen totalitären Staates und den geheimnisvollen Namen Sechshundertsechsundsechzig.

666

„Und das Tier macht, dass sie allesamt, die Kleinen und Großen, die Reichen und Armen, die Freien und Sklaven, sich ein Zeichen machen an ihre rechte Hand oder an ihre Stirn und dass niemand kaufen oder verkaufen kann, wenn er nicht das Zeichen hat, nämlich den Namen des Tieres oder die Zahl seines Namens. Hier ist Weisheit! Wer Verstand hat, der überlege die Zahl des Tieres; denn es ist die Zahl eines Menschen, und seine Zahl ist 666." Offenbarung 13, 16-18.

Wenn Sie sich nun fragen: *Wer zum Teufel ist 666?* -

dann sind Sie mit dieser Fragestellung schon auf der richtigen Spur. Das Tier 666 trägt wahrhaft diabolische Züge und die ersten Christengemeinden hatten als Empfänger der Johannes-Offenbarung keine Schwierigkeiten, die Übeltäter zu identifizieren. Sie dachten an die römische Weltmacht mit ihren Kaisern Nero, Domitian oder Hadrian. Von ihnen sind grausame Verfolgungen der ersten Christen überliefert. Und was wir aus den Geschichtsbüchern wissen, lässt uns die Furcht der ersten Christen nachvollziehen und einen kalten Schauer über die Schulter laufen.

Manche Ausleger sind der Ansicht, mit dem zeitgeschichtlichen Hintergrund im Römischen Reich sei die Offenbarung des Johannes hinreichend erklärt. Diese Meinung verkennt jedoch den Charakter des prophetischen Wortes, das nicht nur auf die Gegenwart, sondern auch auf die Zukunft hin ausgerichtet ist. Vergleichbar mit dem Roman George Orwells nimmt die Offenbarung zwar Bezug auf die Gegenwart, sie beschreibt jedoch in erster Linie ein Geschehen, das in der Zukunft liegen soll, genauer gesagt: am Ende der geschichtlichen Epoche der Menschheit. Was Johannes sicht, bezieht sich auf die Endzeit, die eine negative Folie vor dem Hintergrund der strahlenden Wiederkunft Jesu Christi bildet. Grund der Hoffnung ist eine neue Welt, die Gott selbst heraufführt.

Das gilt in besonderer Weise für die Ankündigung des Tieres 666. Es ist daher nicht verwunderlich, dass die

Auslegung der Prophezeiungen sich nicht auf die Kaiser des Römischen Reiches beschränkt; zumal ist kein Beispiel aus der Zeit der römischen Kaiser bekannt, dass sie Zeichen an der Stirn der Menschen oder ihrer Hand anbrachten, durch die der allgemeine Geschäftsverkehr kontrolliert wurde. Die Schreckensvision des Johannes ist schon in ihrer Abfassung und nicht erst in ihrer Deutung auf die Zukunft hin angelegt. Sie erfährt in der Gegenwart eine Aktualität wie nie zuvor, denn zum ersten Mal sind die technischen Möglichkeiten vorhanden, weltweit den Zahlungsverkehr und Handel zu kontrollieren und gegebenenfalls einzuschränken.

Wann die letzten Dinge eintreffen werden, lässt sich nicht mit Sicherheit sagen. Vielmehr gilt: es lässt sich auch mit Sicherheit *nicht* sagen. Jesus selbst warnte seine Jünger davor, Berechnungen anzustellen. Wann immer in der Geschichte der Christenheit das Ende dieser Weltzeit berechnet wurde, lagen die Prognosen daneben. Schon der Kirchenvater Irenäus von Lyon wollte das Tier 666 nicht mit einer bestimmten Person verbinden. Er sagte im zweiten Jahrhundert nach Christus: „Sicherer und gefahrloser ist es also, die Erfüllung dieser Prophetie abzuwarten, als allerlei Namen zu vermuten und zu weissagen." [88] Die Warnungen des Johannes sind immer dann aktuell, wenn seine Aussagen in der Welt wiederzufinden sind.

Vieles, was die Apokalypse an Schrecklichem schildert, ist in der realen Welt unserer Tage mit Händen zu greifen. Dazu gehört die Vision von der weltweiten Kontrolle des Handels durch eine einzige Macht. Ist diese Macht korrumpiert, sind wir nicht mehr allzu weit von der Apokalypse entfernt. Wenn die Kontrolle in Händen liegt, die nicht mehr kontrolliert werden, ist mehr bedroht als die materielle Versorgung. Es droht der Verlust der Freiheit - und das ist der Beginn der prophetischen Warnung.

Die Kontrolle des Handels

Der Seher Johannes hatte in seinem Buch der Offenbarung eine staatliche Macht mit einem Tier verglichen, das den Handel der Menschen kontrolliert. „Und das Tier macht, dass niemand kaufen oder verkaufen kann, wenn er nicht das Zeichen hat." Offenbarung 13, 16. Mit anderen Worten: Johannes sieht ein totalitäres Regime, das nur noch bestimmten Menschen den Zahlungsverkehr erlaubt, während es anderen diese Möglichkeit untersagt.

Mit dem elektronischen Zahlungssystem SWIFT (Society for Worldwide Interbank Financial Telecommunication) wurde dieses System geschaffen. Es erfüllt die Aufgabe, für alle Mitgliedsbanken in über 200 Ländern den Nachrichtenaustausch zu gewährleisten. Die Kontrolle dieses Systems liegt praktisch bei jenen, die das System verwalten - politisch bei jenen, die Macht über das System haben. Während die Bürger in Deutschland und in den meisten Staaten der Erde bislang wenig Probleme mit dem elektronischen Zahlungsverkehr haben - abgesehen von gelegentlichen Hackern und Kontoplünderern - sind Menschen andernorts bereits zu Opfern des Systems geworden.

Am 19. Februar 2013 erlitt ein 42-jähriger Unternehmer aus Trikala in Griechenland einen Schock. Er versuchte per Online-Banking von seinem Konto Geld abzuheben, um laufende Verpflichtungen zu begleichen. Konkret befand sich auf seinem Konto nicht nur kein Geld mehr, sondern es war auch noch um gut 16.000 Euro überzogen. Offensichtlich hatte das Finanzamt Hand an sein Konto gelegt, ohne dass er jedoch vorher darüber informiert worden war. Er lernte schmerzhaft, dass in Griechenland fortan wohl neue Gegebenheiten galten, in denen Bankkonten automatisch blockiert oder geöffnet werden konnten.[89] Ebenso erstaunt waren drei Zyprer kurz darauf, die an ihren Geldautomaten nur noch 300 Euro täglich abheben durften. Die Sicherheit ihres Bankensystems war den zyprischen Politikern ein schützenswerteres Gut als die Rechte ihrer Bürger.

Die Sperrung von Konten ist auch ein beliebtes Mittel in der Politik, um unliebsame Personen mit Sanktionen zu bestrafen. So konnten die europäischen Guthaben des gestürzten ukrainischen Präsidenten Viktor Janukowitsch problemlos eingefroren werden. Es bedurfte nur der Bitte derjenigen, die Janukowitsch aus dem Amt gejagt hatten und nun in der Regierung der Ukraine saßen. Die Beschlagnahmung des Vermögens traf auch Muammar al-Gaddafi in Lybien, Husni Mubarak in Ägypten und Offiziere der schiitischen Hisbollah-Miliz im Libanon. In der Praxis läuft das Verfahren immer wie folgt ab: Zunächst wird der Auftrag von den Vereinten Nationen, der EU oder nationalen Regierungen erteilt. Dann sorgen die nationalen Notenbanken für die Umsetzung - in Deutschland ist es die Bundesbank.

Im Jahr 2014 ordnete das Bundeswirtschaftsministerium an, die Konten von etlichen russischen Personen sperren zu lassen. Diese Maßnahme gehörte zu den Sanktionen, die vom Außenministerrat der Europäischen Union beschlossen wurden - als Strafmaßnahme gegen die russische Annexion der Krim. Die Einfrierung der Konten war eine politische Maßnahme. Auf welcher Rechtsgrundlage Einzelpersonen bestraft werden können, ohne dass sie sich einer individuellen Straftat schuldig gemacht haben, bleibt ein Geheimnis der EU, ebenso wie die Frage, inwieweit in dieser Quasi-Enteignung ein rechtsstaatliches Verfahren gesichert ist. Unklar ist auch, ob die aufgelisteten Personen überhaupt ein Konto in Deutschland besaßen.

Durch das internationale Zahlungsnetzwerk SWIFT ist nun auch die massenhafte Erfassung von Finanztransaktionen ermöglicht worden. Alle Kontonummern, alle Sender und Empfänger und alle Verwendungszwekke der Überweisungen werden erfasst und gespeichert. Die Speicherung der Daten geschieht in den Rechenzentren im holländischen Zoeterwoude und in Culpeper in Virginia/USA. Nach dem 11. September gab SWIFT alle Daten an das US-Finanzministerium heraus, aus Sicht der USA nach üblichem Recht. Weder die Kunden, noch die europäischen Datenschützer erfuhren irgendetwas über diesen Vorgang.[90] Kreditinstitute sind in den USA grundsätzlich verpflichtet, dem US-Finanzministerium Auskünfte über ihre Kunden zu geben. Dieses leitet die Daten dann im Fall von Ermittlungen an die Sicherheitsbehörden weiter.

Inzwischen ist der Zugriff der US-Behörden auf europäische Kontodaten nachträglich legalisiert worden. Das Ergebnis des sogenannten SWIFT-Abkommens weist nach Ansicht des Datenschützers Peter Schaar erhebliche datenschutzrechtliche Defizite auf. Die Snowden-Papiere vom Sommer 2013 enthielten zudem Hinweise darauf, „dass die NSA gezielt die IT-Infrastrukturen von SWIFT ausspioniert hat, um auch neben den im SWIFT-Abkommen geregelten Mechanismen an Daten über weitere Finanztransaktionen zu gelangen." [91]

Risiken der digitalen Welt

Der amerikanische Internetkritiker Jaron Lanier erhielt im Jahr 2014 den Friedenspreis des Deutschen Buchhandels. Er hatte erkannt, welche Risiken die digitale Welt für die freie Lebensgestaltung eines jeden Menschen geschaffen hat. Lanier weist auf die Gefahren hin, die unserer offenen Gesellschaft drohen, wenn den Menschen die Macht zur Gestaltung entzogen wird. Sein Buch *Wem gehört die Zukunft?* ist ein Appell, wachsam gegenüber Unfreiheit und Überwachung zu sein. Lanier plädiert dafür, dass der digitalen Welt Strukturen vorgegeben werden müssen, um die Rechte des Individuums zu achten. „Warum glaubten wir alle, dass die fast einhellige Unterstützung einer Überwachungsindustrie durch die Verbraucher folgenlos bleiben würde? Früher oder später muss sie zu einem Überwachungsstaat führen." [92]

Unsere Sicht auf das Internet hat sich inzwischen drastisch verändert, seitdem klar geworden ist, dass die digitale Revolution der Menschheit nicht nur Segen beschert hat. Das Internet entstand einst als Plattform für den ungehinderten Informationsaustausch. In seinen Foren konnte sich die Meinungsbildung frei entfalten - von totalitären Regimes aus diesem Grund immer gefürchtet.

Inzwischen ist es nicht zu leugnen: Auch die Geheimdienste autoritärer Schurkenstaaten bedienen sich des Internets. Nicht nur westliche Nachrichtendienste überwachen unsere Kommunikation, auch totalitäre Regime sammeln Daten über unser Verhalten. Es wäre ja auch naiv anzunehmen, dass der Datenpool nur von den eigenen Leuten angezapft würde. Neben der Internetspionage durch Hacker gibt es ja auch noch die viel effektivere Methode der klassischen Spionage: Mitarbeiter der westlichen Nachrichtendienste werden einfach angeworben und gekauft. Edward Snowden warnte die Öffentlichkeit mit seinem eigenen Beispiel vor den größten Sicherheitslücken des Systems, indem er sagte, wie leicht es für ihn gewesen wäre, die geheimen Daten an ausländische Geheimdienste zu verkaufen.

Das Internet, einst gefeiert als wichtigstes Werkzeug zur Verbreitung der Demokratie, ist mittlerweile zur Bühne des größten Überwachungsprogramms in der Geschichte der Menschheit geworden.[93] Stillschweigend haben wir eingewilligt, uns rund um die Uhr ausspionieren zu lassen. „Wenn Sie an Ihrem Körper ständig Sensoren tragen - etwa das GPS und die Kamera an Ihrem Smartphone - und ständig Daten an einen Mega-Computer senden, der einem Konzern gehört, ... werden Sie mit der Zeit Ihre Freiheit verlieren." [94] Jaron Lanier hat als Prophet der Gegenwart nicht nur diese warnenden Worte an die unbedachten User der Generation Handy gesprochen. Seine Warnungen enthalten auch eine quasi-religiöse Komponente und lassen hellhörig werden.

Die digitale Welt trägt Züge eines überirdischen Wesens, das wir durchaus *diabolisch* nennen können, wenn es Menschen dazu zwingt, sich selbst aufzugeben. Die Selbstaufgabe hat gesellschaftliche und spirituelle Folgen. „Dass sich die Menschen bis zur Selbstaufgabe einem digitalen Phänomen hingeben, das deutliche Züge eines überirdischen Wesens hat, hat seinen - kulturellen, intellektuellen und spirituellen - Preis." [95]

Aus christlicher Sicht ist der Mensch als Geschöpf Gottes dazu bestimmt, selbstverantwortlich und frei sein Leben zu gestalten; im Einklang mit Gott und seinen Mitmenschen. Wenn der Mensch dieser Möglichkeit beraubt wird, sei es durch die totale Kontrolle, den Verlust der Freiheit und die Anpassung an fremde Normen, lässt sich diese tragische Situation nur noch als unmenschlich oder diabolisch bezeichnen.

An Gottes Stelle

Ein System allgegenwärtiger Spionage ermöglicht es, die Welt in den Griff zu bekommen. Glenn Greenwald sieht gegenwärtig die amerikanische Regierung auf dem besten Weg dazu, dieses Ziel zu erreichen: alles zu erfahren, was jeder tut, sagt, denkt und plant. Diese zweifelhafte Führungsrolle können die USA auch eines Tages verlieren. Egal wer sie auch innehat, am Ende des Weges steht die größtmögliche Macht, die gefährlichste aller menschlichen Möglichkeiten: „die Ausübung grenzenloser Macht ohne jede Transparenz oder Rechenschaftspflicht."[96]

Ausgestattet mit dieser Machtfülle hat sich der Mensch an die Stelle Gottes gesetzt. Das grenzenlose Machtstreben wird in der Bibel als die schlimmste Sünde verurteilt, der allen voran der Erzengel Luzifer beschuldigt wird. In der christlichen Tradition wird Jesaja 14, 12-15, der Fall des schönen Morgensterns vom Himmel, ein Beispiel des Hochmuts des Königs von Babel, auf ihn gedeutet: „Wie bist du vom Himmel gefallen, du schöner Morgenstern! Wie wurdest du zu Boden geschlagen, der du alle Völker niederschlugst! Du aber gedachtest in deinem Herzen: »Ich will in den Himmel steigen und meinen Thron über die Sterne Gottes erhöhen, ich will mich setzen auf den Berg der Versammlung im fernsten Norden. Ich will auffahren über die hohen Wolken und gleich sein dem Allerhöchsten.« Ja, hinunter zu den Toten fuhrst du, zur tiefsten Grube!"

Der Theologe Paul Tillich beschrieb den Zustand des Menschen, der sich von Gott entfremdet hat, als *sein wollen wie Gott*. Diese Sünde geht über die moralischen Verfehlungen einzelner Menschen hinaus. Das griechische Wort *Hamartia*, das im Deutschen mit Sünde übersetzt wird, bedeutet im Neuen Testament grundsätzlich *Zielverfehlung*. Erhebt sich der Mensch in die Sphäre des Göttlichen, verfällt er der Überheblichkeit. Er maßt sich an, selbst Gott zu sein und nimmt damit dem wirklichen Gott die Ehre.[97] Der Mensch lebt in dieser Situation ein Leben in der Entfremdung, er ist entfremdet vom Grund des Seins, von anderen Menschen und von sich selbst. Die Lösung des Problems besteht geistlich in einer Kehrtwende des auf sich selbst bezogenen Menschen und einer Hinkehr zu Gott und den Mitmenschen. Wer Gott die Ehre gibt, lässt auch seinen Mitmenschen die Freiheit. Dies ist in kurzen Worten die Zusammenfassung der christlichen Lehre von der Sünde.

Die Geschichte vom Turmbau zu Babel in Genesis 11, 1-9 gehört zu den bekanntesten Erzählungen in der Bibel und könnte es vom Bekanntheitsgrad sicherlich mit den beiden ersten Menschen, Adam und Eva, aufnehmen. Es gibt kaum eine eindrucksvollere Geschichte in der Weltliteratur zum Thema menschlicher Selbstüberhebung als jenes Vorhaben der Menschen, über die ihnen gesetzten Grenzen hinaus zu gelangen. Die Selbstüberschätzung des Menschen, Gott gleich sein zu wollen, wird auch mit dem griechischen Wort *Hybris* bezeichnet. Sie gipfelt in dem Geschehen: „Und sie sprachen: Wohlauf, lasst uns eine Stadt und einen Turm bauen, dessen Spitze bis an den Himmel reiche, damit wir uns einen Namen machen; denn wir werden sonst zerstreut in alle Länder." Genesis 11, 4.

Wie die Erbauer des Turms zu Babel haben sich die Konstrukteure der digitalen Überwachung angemaßt, die Grenzen des menschlichen Lebens, die Gott gesetzt hat, sprengen zu wollen. Der unerhörte Plan die himmlische Sphäre zu erreichen, nimmt Gott den Ruhm und gibt ihn den Menschen. Ein solches Unterfangen nimmt immer ein unglückliches Ende - in der Geschichte vom Turmbau zu Babel schreitet Gott selbst ein. Er sieht die Gefahr der geballten menschlichen Macht, die nur noch vom Größenwahn getrieben wird, alles Menschen-Machbare zu erreichen. Gott sprach: „Dies ist der Anfang ihres Tuns; nun wird ihnen nichts mehr verwehrt werden können von allem, was sie sich vorgenommen haben zu tun." Genesis 11, 6. Fragen wir uns, ob unser Tun heute ebenfalls eine Provokation des Schöpfergottes darstellen würde. Es ist nicht zu leugnen, dass wir Menschen mehr können und tun, als wir tun dürfen: Wir können uns mittlerweile selbst zerstören. Wir sind fähig, Dinge zu erschaffen, die das Potenzial unserer Vernichtung enthalten. In der Erzählung vom Turmbau zu Babel zerstört Gott schließlich den Turm und zerstreut die Menschen in alle Länder. Sollten wir Gott dermaßen herausfordern? Gott sei Dank gibt es den Weg der Umkehr - für Einzelne, für Staaten und für die Weltgemeinschaft. Aber einer muss immer den Anfang machen ... .

Kapitel 7

Lösungen

Symptom

Die Grenzen zwischen gesundem Misstrauen und krankhaftem Verfolgungswahn verwischen in unserer Zeit zunehmend. Immer schon haben sich Menschen verfolgt *gefühlt* - auch krankhaft. Früher galt grundsätzliches Misstrauen der Umwelt gegenüber als Ausdruck eines pathologischen Verhaltens. Wer sich überwacht fühlte, gehörte in die Anstalt. Doch heute wissen wir, dass wir tatsächlich umfassend überwacht werden - und wir können uns dem nicht entziehen. Wie können wir da zwischen gesundem Misstrauen und dem Absturz in eine krankhafte Verschwörungstheorie unterscheiden?

Wir wissen, dass alle Daten über uns gesammelt werden, aber wir wissen nicht, *was* mit unseren Daten passiert. Die mangelnde Transparenz kann unser gesundes Misstrauen auf krankhafte Weise verändern und uns sogar in einem Verfolgungswahn enden lassen. Menschen fragen sich heute: „Warum wurde mein Kredit nicht gewährt - ist mein Scoring-Wert falsch? Warum verhält sich mein Handy so merkwürdig?" In ähnlicher Weise fragen die Menschen in der DDR vor 50 Jahren: „Warum hat es im Telefon so merkwürdig geknackt?" Jemand, der sich überwacht fühlt und nicht weiß, wem er vertrauen kann, sieht überall die Verschwörung am Werk. Und dann?

Als gesellschaftliche Folge schwindet das Vertrauen in die Demokratie. In einer Welt der Handlungsunfähigkeit fühlen wir uns verfolgt und fremdgesteuert. Wir können nicht mehr erkennen, wo unsere Sorgen berechtigt sind und wo vielleicht nicht. Deshalb entschied das Bundesverfassungsgericht 1983 im Urteil zur Volkszählung: „Wer nicht mit hinreichender Sicherheit überschauen kann, welche ihn betreffende Informationen in bestimmten Bereichen seiner sozialen Umwelt bekannt sind, und wer das Wissen möglicher Kommunikationspartner nicht einigermaßen abzuschätzen vermag, kann in seiner Freiheit wesentlich gehemmt werden, aus eigener Selbstbestimmung zu planen oder zu entscheiden.

Mit dem Recht auf informationelle Selbstbestimmung wäre eine Gesellschaftsordnung nicht vereinbar, in der Bürger nicht mehr wissen können, wer was wann und bei welcher Gelegenheit über sie weiß. Wer unsicher ist, ob abweichende Verhaltensweisen jederzeit notiert und als Information dauerhaft gespeichert, verwendet oder weitergegeben werden, wird versuchen nicht aufzufallen. Wer damit rechnet, dass etwa die Teilnahme an einer Versammlung oder einer Bürgerinitiative behördlich registriert wird und dass ihm dadurch Risiken entstehen können, wird möglicherweise auf eine Ausübung seiner entsprechenden Grundrechte (Art. 8, 9 GG) verzichten.

Dies würde nicht nur die individuellen Entfaltungschancen des Einzelnen beeinträchtigen, sondern auch das Gemeinwohl, weil Selbstbestimmung eine elementare Funktionsbedingung eines auf Handlungsfähigkeit und Mitwirkungsfähigkeit seiner Bürger begründeten freiheitlichen demokratischen Gemeinwesens ist."[98]

Diagnose

Kontrolle wird zugleich begehrt und gefürchtet.[99] In dieser Ambivalenz liegt die unheimliche Macht dieser Kontrolle. Da ist zunächst das Begehren, alles im Griff haben zu wollen. Vor allem Menschen, die besonders vom Kopf her gesteuert sind, haben ein Problem damit, die Kontrolle abzugeben. Der Wunsch nach Kontrolle ist ein psychologisches Grundbedürfnis des Menschen. Kontrolle durchzieht mehr oder weniger unseren gesamten Alltag. Wir versuchen uns im Griff zu haben, nicht öffentlich weinen zu müssen, nicht das Gesicht zu verlieren, nicht um Worte verlegen zu sein und vieles mehr.

Was unser Verhalten angeht, so herrscht Kontrolle an allen Orten und es triumphieren Neurosen aller Art. Längst sind alle Tabus abgeschüttelt. Computertomographien blicken in unser Inneres und nähren und zerstören Hoffnungen gleichermaßen. Ultraschallaufnahmen zieren die ersten Seiten unserer Fotoalben, wenn es glücklich läuft. Sie demonstrieren aber auch, wie Leben abgebrochen und gar kein Fotoalbum angelegt wurde. Linien auf dem Monitor an unseren Sterbebetten zeigen schließlich an, ob wir am Ende sind.

Quälend sind die Kontrollfragen, die wie ein gefürchteter Chef sind, immer anwesend, auch in Abwesenheit: Habe ich meine Ziele erreicht? Ist mein Einkommen gesichert? Mögen mich andere? Und dann gibt es noch das Gewissen, den inneren Gerichtshof, der uns beständig überwacht und dem wir doch gerne gehorchen. Manche

Menschen litten auch an einer religiösen Erziehung, die dieses Prinzip auf den allwissenden Gott übertragen hat, nach dem Grundsatz: Der liebe Gott sieht alles!

Aber die Kontrolle ist nicht nur begehrt, sondern zugleich auch gefürchtet. Es ist nur eine andere Seite der Medaille, wenn wir als Ausgleich einen gewissen Kontrollverlust anstreben, bis hin zum Komasaufen. Eine ständige Kontrolle der Dinge bewirkt, dass wir uns ständigem Stress ausgesetzt fühlen. Dieser Stress führt zu körperlichen und seelischen Krankheiten. Wie soll man die Kontrolle abschalten? Wie dem Stress entfliehen?

Das Recht auf Vergessen

Der Europäische Gerichtshof hat am 13.5.2014 entschieden, dass der Internetanbieter Google zur Löschung von Inhalten verpflichtet werden kann - aus Gründen des Datenschutzes. Künftig können sich Betroffene dagegen wehren, dass über das Internet ein komplexes Persönlichkeitsprofil erstellt werden kann, einschließlich ihres Schulabschlusses oder Studienortes. Die Entscheidung kann als Sieg für die Bürgerrechte und den Datenschutz in Europa bewertet werden. Werden die Daten nicht gelöscht, können Bürger in ihrem Heimatland gegen Google vorgehen - und Google muss sich vor einem nationalen Gericht verantworten - nicht bloß in den USA. Damit ist das *Recht auf Vergessen* fest im europäischen Rechtssystem verankert.

Die Entscheidung des Europäischen Gerichtshofes ist nur ein erster Schritt - aber ein wichtiger. Das Recht auf Vergessen gilt derzeit für Personen des öffentlichen Lebens nur eingeschränkt. Auch ist die Presse privilegiert und muss Inhalte nicht aus ihrem Archivangebot entfernen. Da das Urteil nur für EU-Mitgliedsstaaten gilt, ist bei einer Suche über die Webseite google.com jeder gelöschte Inhalt weiterhin auffindbar.

Weitergehende rechtliche Schritte sind nun erforderlich. Die Entscheidung über Löschanträge sollte nicht dem Unternehmen überlassen bleiben, sondern von einer unabhängigen Schiedsstelle vorgenommen werden. Verbraucherschutzministerin Ilse Aigner schlug in ihrer Amtszeit einen *digitalen Radiergummi* fürs Internet vor. Persönliche Daten im Netz sollten ein Verfallsdatum haben. Technisch gäbe es Lösungsansätze, die auf der Verschlüsselung von Daten beruhen. Nicht möglich ist es, die Daten überhaupt zu löschen, aber der Zugriff auf sie kann erschwert werden. Ist das Verfallsdatum noch nicht überschritten, können Dateien unverschlüsselt angezeigt werden. Ein solches Schutzsystem würde beispielsweise Jugendlichen entgegenkommen, die Partybilder in ein soziales Netzwerk gestellt haben und Jahre später in Bewerbungssituationen froh wären, wenn die Bilder nicht mehr im Netz sind.

Es bleibt das große Verdienst des Whistleblowers Snowden, die Diskussion um den Datenschutz auf internationale Ebene gebracht zu haben. Snowden erinnerte uns alle daran, dass es sich beim Schutz der Daten um ein internationales Menschenrecht handelt. Artikel 12 der Allgemeinen Erklärung der Menschenrechte von 1948 formuliert: „Niemand darf willkürlichen Eingriffen in sein Privatleben, seine Familie, seine Wohnung und seinen Schriftverkehr oder Beeinträchtigung seiner Ehre und seines Rufes ausgesetzt werden. Jeder hat Anspruch auf rechtlichen Schutz gegen solche Eingriffe oder Beeinträchtigungen." [100]

Diese von der Generalversammlung der Vereinten Nationen genehmigte und verkündete Erklärung ist das ausdrückliche Bekenntnis der Vereinten Nationen zu den allgemeinen Grundsätzen der Menschenrechte. Die Achtung der Menschenrechte ist stets höher zu bewerten als nationale Sicherheitsinteressen. Die besondere Verantwortung, die wir als Deutsche mit unserer Geschichte haben, brachte Joachim Gauck bereits 1998 im Blick auf die DDR auf den Punkt: „Wie wichtig ist es gerade für uns Deutsche, an jene zu denken, denen Freiheit und Würde des Einzelnen höhere Werte waren als die Sicherung ihres eigenen Überlebens." [101]

Die deutsche Bundesregierung formulierte bereits am 14. August 2013 ihr eigenes Interesse gegenüber den USA mit den Worten: „Auf Vorschlag der NSA ist es geplant, eine Vereinbarung zu schließen, deren Zusicherungen mündlich bereits mit der US-Seite verabredet worden sind: keine Verletzung der jeweiligen nationalen Interessen, keine gegenseitige Spionage, keine wirtschaftsbezogene Ausspähung, keine Verletzung des jeweiligen nationalen Rechts." [102] Diesem Optimismus folgte wenig später eine herbe Enttäuschung. Es wurde deutlich, dass die USA noch nicht bereit sind, den Spielraum ihrer Geheimdienste in irgendeiner Weise einzuschränken. Auch auf europäischer Ebene sind die Chancen für ein *No-Spy-Abkommen* chancenlos. Sinnvoll wäre ohnehin nicht nur ein bilaterales Abkommen, sondern ein Abkommen mit dem exklusiven Club der *Five Eyes*. Doch auch das würde das Problem nur verschieben, da es keine globale Lösung darstellt.[103]

Letztendlich ist allerdings nur der weitgehende Verzicht auf Spionage der Weg, auf dem die Völkergemeinschaft voranschreiten kann. Der erste Schritt mutet an wie ein Paradox: Geheimdienste müssten transparent werden und sich der Kontrolle durch das Volk stellen. David Kay bemerkte nach dem Geheimdienstfiasko um den BND-Informanten *Curveball,* der mit seinen Lügen den Irak-Krieg rechtfertigen half: „Es zeigt, wie wichtig eine effektive Kontrolle der Geheimdienste ist - denn ihre Verschlossenheit ist gefährlich für die Demokratie."[104]

Das Recht auf Vertrauen

Ein starker Wunsch nach Kontrolle hat seine Ursache in einem Mangel an Vertrauen. Es fehlt das Urvertrauen, das Selbstvertrauen oder das Vertrauen in die Mitmenschen. Aus christlicher Perspektive fehlt das Gottvertrauen. Lernen wir, Gott zu vertrauen, dann können wir Dinge loslassen. Das Loslassen von alten Verhaltensstrukturen ist ein erster Schritt. „Du kannst nie tiefer fallen als in Gottes Hand" ist ein Satz, der seit vielen Generationen diese Lebensweisheit ausdrückt.

Die blinde Skifahrerin Verena Bentele beschreibt ihren Weg zur Goldmedaille: „Schließ die Augen und stell dir vor: Du stehst auf zwei schmalen Skiern, vor dir verläuft eine Spur, die du nicht siehst. Eine Stimme etwas weiter vor sagt: „Wir sind oben am Berg. Kurve nach rechts, dann geht es in die Abfahrt ... Hopp ... Schieb richtig an und gib Gas ... Hopp ... " Du spürst, wie deine Ski über den Schnee gleiten und leicht auf der vereisten Strecke vibrieren. Ein kalter Wind weht dir um die Nase, während du immer schneller wirst. Irgendwo vor dir hörst du: „Hopp ... Hopp ... Jetzt in die Hocke gehen und Gas geben ... Hopp ... " Du rast geradeaus nach unten. Wie fühlst du dich bei dieser Vorstellung? Lässt du die Augen geschlossen? Kannst du diesen Ansagen vertrauen?" [105]

Anders als die meisten sehenden Skiläuferinnen kann Verena Bentele ihre Richtung und Geschwindigkeit nicht selbst bestimmen. Sie kann nicht bremsen, wenn sie es für richtig hält. Sie hat nicht die Kontrolle über ihr Handeln. Als Blinde sieht sie nicht, was sie in der Abfahrt erwartet. Nur die Ansagen des Begleitläufers ermöglichen ihr, in der Spur zu bleiben. Aber sie sagt: „Mit einem kontrollierten Verhalten kann ich den sicheren Raum nicht verlassen. Ich kann keine Goldmedaille gewinnen, wenn ich mich immer davor schützen möchte, gegen Hindernisse zu fahren oder zu stürzen. Will ich den Sprung aufs Siegertreppchen schaffen, muss ich meine Komfortzone verlassen und Risiken eingehen." [106]

Und genau an diesem Punkt kommt Vertrauen ins Spiel. Verena Bentele muss sich ganz auf den Begleitläufer verlassen können, der eine hohe Verantwortung trägt. Zugleich muss sie auf sich selbst vertrauen, dass sie nicht gleich jedes Hindernis aus der Bahn wirft. Verena Bentele kann auch uns sehenden Menschen anschaulich machen, worum es im Vertrauen zu Gott und uns selbst geht. Leben besteht darin, die Kontrolle aufzugeben und das Leben Gott anzubefehlen; und zugleich sich selbst zu vertrauen, dass mit Gottes Hilfe auch Hindernisse im Leben zu umfahren sind. Vertrauen ist das Fundament, auf dem sich Leben entfalten kann. Dieses Vertrauen ist immer wieder mit Risiken verbunden.

Das Recht auf Vergebung

„Wo ist solch ein Gott, wie du bist, der die Sünde vergibt und erlässt die Schuld denen, die übrig geblieben sind von seinem Erbteil; der an seinem Zorn nicht ewig festhält, denn er ist barmherzig! Er wird sich unser wieder erbarmen, unsere Schuld unter die Füße treten und alle unsere Sünden in die Tiefen des Meeres werfen." Micha 7, 18.19.

Dieses Wort steht am Ende des alttestamentlichen Micha-Buches. Es könnte auch am Ende der unsäglichen Geschichte von der totalen Kontrolle stehen. Das letzte Wort hat Gottes Barmherzigkeit. Gott vergibt. Es gehört zu den lebensverändernden Einsichten, dass es Vergebung gibt. Wohl den Menschen, die eine solche Vergebung erlebt haben und einander zusprechen können: vergeben und vergessen! Nur so kann neues Vertrauen entstehen. Was der Prophet Micha sagt, erinnert an Petrus im Neuen Testament, der von Christus sagt: „der unsere Sünde selbst hinaufgetragen hat an seinem Leibe auf das Holz." 1. Petrus 2, 24.

Vergessen, vertrauen und vergeben - dieser Weg kann seinen Anfang in einer Besinnung auf das Wirken Jesu Christi nehmen, und zwar nicht durch eine bloße Rezeption der religiösen Verehrung, wie sie Jesus im Christentum als Sohn Gottes und im Islam als Messias Isa Ibn Maryam entgegengebracht wird. Es ist vielmehr das Geschehen um die Kreuzigung Jesu Christi selbst, das wir mit dem Philosophen René Girard als Ende des Opfermechanismus sehen können, einem Mechanismus, dem Menschen in dieser Welt immer wieder erlagen. Jedermann dachte wohl, dass es im Falle des gewaltsamen Todes Jesu Christi genauso zugehen würde, wie es üblicherweise in der Welt zugeht: Man könne sich Jesus und seiner Botschaft entledigen, indem man ihn zum Opfer machte, zum Sündenbock. Doch dieses Prinzip wurde im Fall der Kreuzigung Jesu außer Kraft gesetzt.

Die Bedeutung des Todes Jesu war nicht allein, dass hier ein Unschuldiger umgebracht wurde, wie es oft in der Geschichte der Menschheit geschehen ist. Das Besondere war, dass der übliche Opfermechanismus nicht mehr funktionierte. Es verlief alles ganz anders, als die Herrscher der Welt sich das vorgestellt hatten: Das Opfer wurde zum wahren unschuldigen Opfer, die Verfolger zu wahren, schuldigen Verfolgern. „Die Kreuzigung ist ein Opfermechanismus unter anderen, er wird wie die anderen ausgelöst, er läuft wie die anderen ab, und dennoch sind die Ergebnisse anders als bei allen anderen." René Girard.[107]

Welche Macht war es, die über die gewalttätige Mimetik triumphierte, die Jesus ans Kreuz brachte? Die Evangelien antworten, es sei die Kraft Gottes gewesen. Es ist nicht eine bestimmte kulturelle Identität gewesen, die dem christlichen Glauben seine Durchsetzungskraft verlieh. Letztlich war es das Vertrauen auf eine Macht, die alle menschlichen Opferformen in sich fasste und transzendierte: eine Macht, die in der Lage war, die gesamte Menschheit aus ihrer schuldhaften Geschichte loszukaufen und in die Freiheit zu führen. Erfahrbar für jeden Menschen persönlich in der Vergebung der eigenen Schuld durch den Glauben an Jesus Christus! Das ist die wahre Kraft des christlichen Glaubens: die Kraft der Versöhnung. Möge diese Kraft die Welt verändern!

In Christus versöhnte Gott die Welt mit sich selbst.

2. Korinther 5,19

Anmerkungen und Literaturverzeichnis

[1] Anne Catherine Simon, Ausgespäht und abgespeichert, München 2008, S.12.
[2] Michael Martens, Grabungsarbeiten für Erdogans neuen tiefen Staat, in: Frankfurter Allgemeine Zeitung, 18.4.2014.
[3] Vgl. Glenn Greenwald, Die globale Überwachung, München 2014, S.13.
[4] Glenn Greenwald, Die globale Überwachung, S.260.
[5] Glenn Greenwald, Die globale Überwachung, S.264
[6] Joachim Gauck, in: Klaus Behnke, Jürgen Wolf (Hrsg.), Stasi auf dem Schulhof, Berlin 1998, S. 10.
[7] EU-Studie: Homosexuelle werde diskriminiert, SRF Schweizer Radio und Fernsehen, 17.5.2013.
[8] L'OSSERVATORE ROMANO, Man verkauft seinen Glauben nicht, 7.4.2014.
[9] Frank Schirrmacher, Der verwettete Mensch, Frankfurter Allgemeine Zeitung Feuilleton, 17.06.2013.
[10] Frank Schirrmacher, Der verwettete Mensch.
[11] Martin Luther, Von der Freiheit eines Christenmenschen, 1520, Gütersloh 2006.
[12] Papst Benedikt XVI, Eucharistiefeier im Petersdom, 8.12.2005
[13] "Der wackre Schwabe forcht sich nit" - Ludwig Uhland, Schwäbische Kunde. Aus: Gedichte. Wohlfeile Ausgabe. 3. Auflage. Stuttgart und Tübingen: Cotta, 1854, S. 327.
[14] Stern, Oettinger und der Pizza-Bäcker, 3.4.2008.
[15] Der Spiegel, Faraos Krake, 7.3.1994.
[16] Spiegel-Online, Kameras bei Discounter: Aldi-Filialleiter filmten heimlich Kundinnen, 28.4.2012.

[17] Verbraucherzentrale Bundesverband, Fitnessstudio muss über Videoüberwachung detailliert aufklären, 10.1.2014.
[18] Johannes Kuhn, Wir sehen, was du klaust, Süddeutsche Zeitung, 4.11.2013.
[19] Johannes Kuhn, Wir sehen, was du klaust.
[20] Stern, 25.3.2008
[21] Detlef Borchers, PC-Spionage am Arbeitsplatz und zu Hause, in: ct-Magazin für Computertechnik, 23/2004, S. 146.
[22] Spectorsoft-Software auf www.spectorsoft.de, 2014.
[23] Andreas Biegel, Überwachung von Arbeitnehmern durch technische Einrichtungen, Hamburg 2000, S.1.
[24] Elisabeth Falzone, Ortung von Mitarbeitern durch Handy und GPS-Navigation, Seminararbeit, S.1.
[25] Frauke Lüpke Narberhaus, in: Spiegelonline, Schulspiegel, 12.9.2012.
[26] Frauke Lüpke Narberhaus, in: Spiegelonline.
[27] Landesbeauftragte für Datenschutz und Informationsfreiheit Nordrhein-Westfalen, Ich sehe das, was Du so tust, Düsseldorf 2006, S.2.
[28] Thilo Weichert, Big Data und Datenschutz, Kiel, 19.03.2013.
[29] Vgl. Marcel Rosenberg, Holger Stark, Der NSA-Komplex, München 2014.
[30] Thomas Darnstädt, Der globale Polizeistaat, Hamburg 2009, S. 7.
[31] Vgl. Thomas Darnstädt, Der globale Polizeistaat, S.7ff.
[32] Handelsblatt, Die wahren Kosten der Anschläge, 10.9.2011.
[33] Vgl. Thomas Darnstädt, Der globale Polizeistaat.
[34] Sebastian Borger in: Badische Zeitung, 24. Mai 2913.
[35] Jürgen Todenhöfer, Du sollst nicht töten: Mein Traum vom Frieden, München 2013, S.64.

[36] Jürgen Todenhöfer, Du sollst nicht töten, S.63.
[37] Zeitonline, NSA-Überwachung liefert kaum Erfolge, 13.1.2014.
[38] Benjamin Kraus, Civil Liberties in Gefahr? in: Seminarbericht Terrorismus und Terrorismusbekämpfung, hrsg. von Hans-Ulrich Derlien, Stefan, Frank, Florian Lang, Bamberg 2005, S.235.
[39] Berliner Morgenpost, 13.5.2012.
[40] Johannes Kuhn in: Süddeutsche Zeitung, 22.4.2014.
[41] Sönke Iwersen, Wer mit der Angst der Menschen Profit macht, Handelsblatt 23.7.2010.
[42] Sönke Iwersen, Wer mit der Angst der Menschen Profit macht.
[43] Krisie Macrakis, Die Stasi-Geheimnisse: Methoden und Technik der DDR-Spionage, München 2009, S. 15.
[44] Vgl. Hubertus Knabe, Gefangen in Hohenschönhausen, Berlin 6. Aufl. 2011, S. 16.
[45] Hubertus Knabe, Gefangen in Hohenschönhausen, S. 16f.
[46] Kristie Macrakis, Die Stasi-Geheimnisse, S. 13.
[47] Hubertus Knabe, Gefangen in Hohenschönhausen, S. 13
[48] Matthias Stork, Karierte Wolken, Moers 1996, Vorwort von Wolf Biermann.
[49] Joachim Gauck in: Klaus Behnke, Jürgen Wolf, Stasi auf dem Schulhof, S. 12
[50] Matthias Stork, Karierte Wolken, Vorwort.
[51] Spiegel online, 4.7.2014.
[52] The Huffington Post, Mutmaßlicher Spion im Verteidigungsministerium wehrt sich gegen Vorwürfe, 21.7.2014
[53] Die Welt, Schäuble kann über so viel Dummheit nur weinen, 10.7.2014.
[54] EPD 30.10.13.

[55] Spiegel Online, Geheimdienste: BND überwacht seit Jahren Nato-Partner Türkei, 16.08.2014.
[56] Jürgen Todenhöfer, Du sollst nicht töten, S.5.
[57] Der Spiegel, Angriff aus Amerika, 1. Juli 2013.
[58] Zeit Online, Pofalla erklärt NSA-Affäre für beendet, 12.8.2013.
[59] Deutsche Welle, 22.6.2014.
[60] Der Spiegel, Nr. 31 1972.
[61] Peter Schaar, Überwachung total: Wie wir in Zukunft unsere Daten schützen, Berlin 2014, S. 148.
[62] BfDI, 18. Tätigkeitsbericht, Kap. 16,4.
[63] Der Tagesspiegel, Christian Tretbar: Angela Merkel: Deutschland ist kein Überwachungsstaat, 19.7.2013.
[64] Adrian Lobe, Was die Bundesregierung über die Spionageaktivitäten wusste, Tagesspiegel 20.7.2013.
[65] Peter Schaar, Überwachung total, S. 12.
[66] Peter Schaar, Überwachung total, S.11.
[67] Vgl. Anne-Catharine Simon, Ausgespäht und abgespeichert, S. 18.
[68] Stefan Schulz in: FAZ, 10.06.2014, Feuilleton.
[69] Richtlinie 2006/24/EG vom 15.3.2006 über Vorratsdatenspeicherung.
[70] Peter Schaar, Überwachung total, S. 142.
[71] EuGH C-293/12 und C-495-12 (Große Kammer) - Urteil vom 8. April 2014.
[72] EuGH C-293/12 und C-495-12 (Große Kammer) - Urteil vom 8. April 2014, Leitsatz 3.
[73] Peter Schaar, Überwachung total, S. 128.
[74] Peter Schaar, Übewachung total, S.129.
[75] Stephan Lorentz, Zu Unrecht Verdächtiger hat Recht auf Rehabilitierung, Legal Tribune Online, 28.5.2013.
[76] Anna Ritter, Kulturzeit, 3sat, 29.10.2012.
[77] Spiegel-Online, 2.4.2014.

[78] Spiegel Online, Geheimdienst-Debakel vor dem Irak-Krieg: "Der BND war unehrlich", 20.3.2008.
[79] ebenda.
[80] Jürgen Todenhöfer, Du sollst nicht töten, S.113.
[81] DM 935 Lügen zum Irak-Krieg, 24.1.2008.
[82] Anne Catherine Simon, Ausgespäht und abgespeichert, S.41.
[83] Rainer Luyken, Big Brother ist wirklich ein Brite, Zeitonline, 26.01.2007.
[84] Rainer Luyken, Big Brother ist wirklich ein Brite.
[85] Glenn Greenwald, Die globale Überwachung, S.250.
[86] Glenn Greenwald, Die globale Überwachung, S.13f.
[87] Spiegelonline, USA, Russland, Pakistan: So viele Atomwaffen sind weltweit in Umlauf, 16.6.2014.
[88] Irenäus von Lyon: Gegen die Häresien, V, 30,3.
[89] Trikala-News, 19.2.2013.
[90] Peter Schaar, Überwachung total, S.120.
[91] Peter Schaar, Überwachung total, S. 126.
[92] Jaron Lanier, Wem gehört die Zukunft?, Hamburg 2014, S.18.
[93] Vgl. Marcel Rosenbach, Der NSA-Komplex.
[94] Jaron Lanier, Wem gehört die Zukunft?, S.24.
[95] Jaron Lanier, Wem gehört die Zukunft?, S.30f.
[96] Glenn Greenwald, Die globale Überwachung, S.242.
[97] Vgl. Paul Tillich, Systematische Theologie Bd. II, 8. Aufl. unveränderter Nachdruck, Berlin-New-York 1987, S. 56ff.
[98] BVerfGE 65, 1 - Volkszählung 154.
[99] Vgl. Dr. Knut Berner, Predigt über Psalm 139, 23.5.2010 im Evangelischen Studienwerk e.V. Villigst.
[100] A/RES/217, UN-Doc. 217/A-(III).
[101] Klaus Behnke, Stasi auf dem Schulhof, S. 11.
[102] Bundestagsdrucksache 17/14560, 14.8.2013.

[103] Peter Schaar, Überwachung total, S. 211.

[104] Spiegel Online, Geheimdienst-Debakel vor dem Irak-Krieg: "Der BND war unehrlich", 20.3.2008.

[105] Verena Bentele, Stephanie Ehrenschwendner: Kontrolle ist gut, Vertrauen ist besser: Die eigenen Grenzen verschieben und Sicherheit gewinnen, Kailash-Verlag 2014, S.9.

[106] Verena Bentele, Kontrolle ist gut, Vertrauen ist besser, S.10.

[107] René Girard, Ich sah den Satan vom Himmel fallen wie einen Blitz. Eine kritische Apologie des Christentums. München, Wien 2002, S.187.